图书在版编目（CIP）数据

团队管控 / 毛文龙著. -- 北京：中国商业出版社，2022.1

（组织营销学）

ISBN 978-7-5208-1812-4

Ⅰ. ①团… Ⅱ. ①毛… Ⅲ. ①营销管理－组织管理－团队管理 Ⅳ. ①F713.56

中国版本图书馆CIP数据核字(2021)第197163号

责任编辑：聂立芳　张　盈

中国商业出版社出版发行

010-63180647　www.c-cbook.com

（100053　北京广安门内报国寺1号）

新华书店经销

北京天宇万达印刷有限公司印刷

*

710毫米×1000毫米　16开　12.5印张　155千字

2022年1月第1版　2022年1月第1次印刷

定价：98.00元

* * * *

Preface | 序一

开宗扛鼎之作，赢战未来之剑

毛文龙老师是我在行业内非常认可的一位培训大家。闻知他的大名，推算起来应该是在12年前。其时，他正在南方的一家机构里主持名为“六脉神剑”的营销培训，该培训被无数业内人士誉为当时行业中的巅峰之训。而我们的第一次见面，则是在6年前，其时，毛老师已经挥师北京。因为身处同城，又同为行业的服务者，所以我们聚在一起探讨交流，整整一个下午，酣畅淋漓，然彼此虽有相见恨晚之感，却未能开启合作之缘。此后数年，毛老师和他的团队在行业内纵横捭阖，让“精英99”“领袖99”等系列培训成为了行业内振聋发聩的品牌。

2020年，我和毛文龙老师在长沙的一家企业里第三次碰面，因为时间充裕，又系多年故友，我们遂煮茶夜谈，论行业，话未来，感悟良多。席间，毛老师告诉我，他目前正在全力研究组织营销，希望未来能用组织营销的研究成果来与行业结缘服务。我对此非常认同，并建议他可以先架构理论体系，后规划实战方法，而后再传道授业解惑。对此建议，毛老师当时就表示谢意，但说到著书立说之时，他却表示从未为之，心有挑战。此后我们便各归栖所。令人无比惊诧的是，4个月之后，他发来了《团队管控》一书的文稿，并坚请我为书作序。但因为开春之时，出差频繁，恐误书时；且对于组织营销，我也是初识其面，唯恐错解，故欲推辞。但毛老师心意拳拳，数度寄语，因此心里深感却之不恭，遂日以继夜，深研其书，成今天之序言。真诚期望我之小文，既能圆老友之邀，又能为朋友们导读，则心愿足矣。

通读毛文龙老师的《团队管控》，扑面而来的第一大感受就是：观点新颖。正如毛老师在跟我当面交流的时候所言，组织营销学是他提出的一个全新概念体系，以前的营销学书籍虽然汗牛充栋，但组织营销学的理论和实战体系却是空白。记得当时说到这个提法时他征求我的意见，担心把控不好，怕有标新立异之嫌。我说架构体系、综述方法，最有价值之处乃在于“通古今之变、成一家之言”；而所有架构体系和方法的关键则在于自成一体、自圆其说，其他方面则是次要的。如今通读他的书稿，我确实感受到了他在这方面的深度思考和严谨笔耕。全书共分五章，从组织营销的基本概念以及内涵外延到组织营销的思想建设、结构打造、教育设计、领袖淬炼等，以“人员团队”所形成的独特营销组织为核心主体，提纲挈领，进行了逻辑严谨、层次分明的架构。既彰显了与传统营销学以“4P/4C/4R/4I”为核心的理论及其方法体系的完全不同，又以人为本，从组织营销的角度全面阐述了组织打造的四大战略支撑和应用场景，真正建立了一套全新的营销学理论与方法体系。

通读该书，震撼我心灵的第二大感受就是：厚积薄发。从我听说毛老师那天起，我对其印象可以用一句话概括，就是“卓越个人与团队打造的专家”。纵观全书，该书对组织营销的理论思考和方法体系，无一不浸透了毛老师及其所带领的教育培训团队的经验与积累。概括该书的创作源泉的核心要点，无疑就是“厚积薄发”。没有20年如一日的一线教育培训、打造团队的经验，没有上千场教育培训课程的精心设计与执行，就不可能架构这本填补营销学空白的匠心之作。因此，无论是书的体例，还是书中的要点，无不诠释着毛老师千锤百炼的经验价值。

关于这一点，我曾经和毛老师进行过深度交流，毛老师极其坦诚地告诉我，基于信仰和内心的使命感，在成功地为行业服务了20多年之后，他从内心深处感觉，有必要把自己这些年来的教育培训的思考与实践进行升华，与今天、与未来所有建立营销组织的团队和个人进行分享。正因如此，当我在通读毛老师这本新书时，才有如此浓郁的“厚积薄发”之感觉。在我看来，这既是本书的特点，更是本书的的独特价值之一。

通读该书，让我难以忘怀的第三大感受就是：用之能胜。何为“用之能胜”？完整阐述就是：用之能战，战之能胜。这里指的就是《团队管控》一书的实战性。研读全书，我始终感受该书一个极其鲜明的特点，就是书中所谈到的方法体系的实战特征。对于广大需要该书方法体系的企业及其营销团队成员而言，如何打造一个稳定而有自我张力的营销组织，如何为一个营销组织植入文化的灵魂，如何在营销组织的架构设计和打造上经得住时间和各种利益、名誉的考验，如何让一个营销组织摆脱内耗而不断增强凝聚力，如何让一个营销组织能有源源不断的内生市场拓展能力和客户服务能力，如何让一个营销组织的领导力不断强大，这些问题都需要精准的答案。细细品味该书，我们完全可以从它言简意赅的语言中，迅速搜索到完整的答案，这些答案拿来即可用，用了就可以产生成果。在毛老师的笔下，复杂的理论简洁化，碎片化的方法系统化，完全展示了该书的纲举目张、通俗易懂的特点，拥有它，就如拥有一部成就个人与组织绝世武功的“葵花宝典”。

掩卷细思，该书还有诸多特点，如用语凝练、结构简洁、招招干货、易学易记等，我相信有缘读到此书的朋友一定还会有许多独特的感悟和感受。环观今天和未来的时代，不管各种商业或营销的表现形式如何，以“人”为核心的组织都是其内在的底层逻辑，因此，各种商业和营销的运营成果从本质上就取决于他们对组织营销规律的把握和运用。故此，我相信该书一定可以在当今的社交商业时代熠熠生辉，成为广大营销人员和团队、社群的教科书！

胡远江

2021 年 3 月 31 日

于北京学院国际大厦

胡远江：CCTV 核心栏目“焦点访谈”“央视论坛”的专访学者，中国新营销研究专家，北大、清华“新营销高级总裁研修班”特聘授课导师，中国管理科学学会新营销经理人联盟总顾问，北京理工大学 MBA 中心特聘客座教授等。

Preface | 序二

书中藏山海，胸中怀日月

我在营销行业耕耘多年，在业界久闻毛文龙先生大名，只是因为种种原因，始终缘悭一面。后来在机缘巧合之下与毛先生有了深度合作，深刻体会了“盛名之下无虚士”的道理。毛先生身上的务实、专业以及对人待事上的高度与全面让人敬服，不由得惺惺相惜。

毛文龙先生结合其二十余年实战与培训经验著作了《组织营销学》三部曲，并邀我作序，深感荣幸。原因有二：其一，毛先生虽与我不是多年好友，却将此重任交付于我，这种信任及认同感让我感动；其二，这样一部集毛先生多年心血汇聚的著作必将会在业内引发广泛传播与关注，我能为之作序，也与有荣焉。

我认为，这本书有几点使人称道之处。

一、本书理论与实操相互印证，各有侧重

行业培训讲师的整体素质参差不齐，很多讲师侧重于理论研究，对系统性知识的掌握和市场实践相互校正与结合的经验不足，这就是我们常说的“两层皮”的现象，理论扎堆，道理成套，却无法运用到企业实际运作，最终也不利于行业的整体有序发展。

而毛文龙先生是从一线经销商转投企业培训界，后又成长为大型企业培训机构联合创始人，在行业深耕多年，丰富的从业经验、高度理论和实操经验放眼整个行业也不多见。文中理论与实操的多重印证和侧重，是我郑重向广大企业家与读者朋友们推荐本书的重要原因。

二、直击要点，系统性强，节点明确

我在行业中有许多企业家和职业经理人好友，在和他们沟通与交流的过程当中往往发现大家在企业经营过程当中不能掌握要点，关注点比较散，很多板块想要做好却受制于诸多因素，所以往往累个半死，企业也产生不了好的效益。

现今商业的底层逻辑，组织营销占据了核心：第一，现代商业社会，早已经不是单打独斗的年代，企业想要做大，行业想要发展，组织的重要性不言而喻；第二，任何商业业态和营销模式想要产生效益，核心都是组织营销。

我认为本书恰恰直击了企业营销的痛点和要点。书中行文并不教条，娓娓道来，如毛先生的培训授课一般，系统、节点明确、层次分明。

三、著书立说，普惠天下

所谓“大道至简，殊途同归”，此次著作，毛先生豪不藏私，将多年思考、总结与成果惠及行业，其心可敬。而我作为多年的行业观察者，也更愿意将此书推荐给广大朋友们。因为组织营销适用于所有的商业模式，换个角度来说，所有的商业模式都需要组织营销。近些年流行的各种新零售模式，它们的崛起运作了大量的互联网工具、社交模型、大数据分析，但往往昙花一现。根本原因就在于整个组织凝聚力的缺失，而本书恰恰能更完美地补足这一环。这种对行业、对商业的普惠，是行业之幸，也是毛文龙先生之幸。

易园翔

2021 年 3 月于长沙

Preface | 序三

教育者的初心和研究者的恒心

接到毛文龙先生的邀请为其即将出版的《团队管控》一书作序时，我正好在中国世界贸易组织研究会直销专业研究委员会的办公室内，与多位领导和专家就中国直销的未来发展出谋划策，同时也在探讨近两年研究的《随营销》最新成果。凑巧，毛文龙先生除了是实实在在组织营销领域的教育者外，也是真真正正的研究者。根植组织营销企业培训20多年，毛先生拥有团队领导管理培训、领袖素质教育及市场运作、模式创新的丰富经验，更是作为主讲人多次开展全方位的培训讲座，为组织营销领域培育出无数的行业精英和卓越领袖。

习近平总书记指出，以百姓心为心，与人民同呼吸、共命运、心连心，是党的初心，也是党的恒心。赋予直销人一直向前奔跑的力量，为中国直销的发展尽心尽力，这是毛文龙先生作为教育者和研究者的初心。不忘初心 也有恒心，以恒心坚守初心，毛文龙先生将多年的教育感悟和研究成果及所思、所想、所闻、所行，以及一些亲身经历整理成文并总结下来，汇编成《组织营销学》系列丛书。

我们知道，组织营销领域中，团队管理尤为重要，因为团队会给人更合理的利益和更大的生活信心，甚至能促成一个行业、一个企业的蓬勃发展与有持久竞争力的源泉。所以，《团队管控》这本书，出现得正是时候，堪称是为组织营销领域的每一个人特别定制的团队控管工具书。书中对于组织营销领域各模式的分析、组织营销的定义及特点做了系统的阐述，并从思想建设、组织结构、组织教育以及领袖打造多方面，给了具体的操作方法，让每一个企业和团队管理者，能用最有效的方法，在最短的时间内，完成职业化的转变，从而提高企业和团队的效率和效能，让团队在市场中所向披靡，给自己增光，为行业添彩！

就目前的经济环境、行业政策和市场情况，企业转型升级、营销模式迭代融合、团队管理职业高效、市场运作规范等，已经成为企业和市场领袖必须做的事情。而毛先生所著的此书，正是想大家所想、急大家所急、解大家所困，我相信广大读者阅读此书后一定能够有所收获！

帝瑞集团董事长、中国世界贸易组织研究会直销专业研究委员会主任
蔡尚融
2021 年 3 月 31 日于北京

Preface | 前言

子在川上曰：逝者如斯夫，不舍昼夜。随着科技的进步、时代的发展，商业模式也在不断地迭代升级，组织营销领域也是如此。

转介绍、分享销售，这是从古就有的销售方式，但直到出现电子计算机之后，才可以精准地计算转介绍的贡献值。同理，微商、新零售、社交电商等，是因为移动互联技术和工具的发展而诞生，也都是科技进步的产物。由此可预见，随着科技的不断进步，组织营销的商业模式还会不断地升级改变。

有“变”就有“不变”！在整个组织营销的发展变化中，商业逻辑不会改变，人性的规律不会改变，组织建设中遇到的问题不会改变，团队管控的原理也不会改变。

《团队管控》就是在讲这些不变的部分，就如每个人都需要吃饭睡觉一样，每一个组织营销的平台公司都会遇到同样的问题，每一个市场的团队长也都会遇到同样的问题：进人的问题、裂变的问题、凝聚的问题、组织效率的问题、领袖打造的问题……

这些不是新问题，这些问题在组织营销过去的发展运作中已经积累了几十年的市场经验，我们作为专业的企业培训机构，也有了二十多年的研究和总结。但是，新的平台公司层出不穷，新的团队系统也如雨后春笋一样不断破土而出，因为没有过去的经验，没有行业的洗礼，所以每一家都在走同样的弯路，每个团队都在吃同样的苦。就像我们小时候

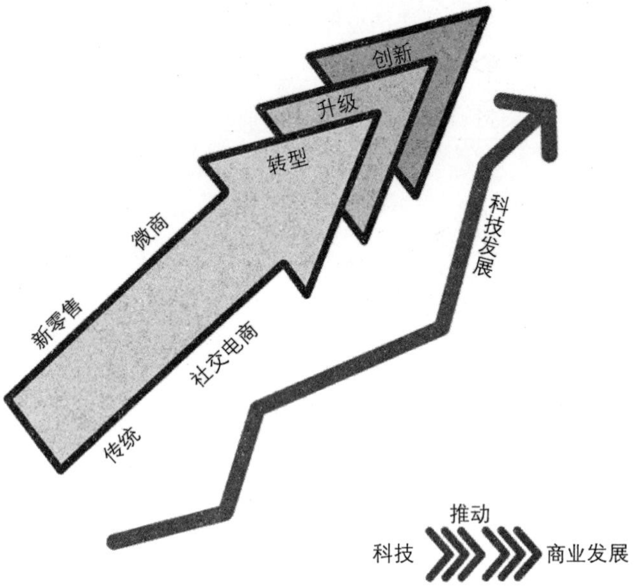

学走路会摔跤，过去、现在、未来的每一个孩子都会摔跤一样，我们不能避免走弯路，但可以努力少走弯路。

《团队管控》从专业的角度，系统、全面地将组织建设中的问题和答案呈现出来，为需求者提供系统的指导，能够“专业化”“职业化”“规范化”地运作市场，减少成本，提升效率。

组织营销是未来的趋势，它能增加就业、促进经济流通、传播正能量、为社会培养人才、增加商品附加值、帮助企业发展、提升个人能力等，随着科技的进步、商业的变迁，组织营销会越来越体现它的价值，也会有越来越多的企业和商品选择这种营销模式。

在信息时代，获取市场管理、组织建设、团队管控的方法和信息的渠道非常多，可以是线上课程，也可以是线下培训，还可以通过网络搜索获取信息和方法。但这些都不够系统，只有古老的书籍的形式才能言

简意赅地表达清楚。

我们将持续关注市场变化，不断优化内容，长期持续地为读者提供系统、落地、有价值的营运管理模式和方法。

Contents | 目录

第一章　组织营销的定义和特点

一、认知组织营销　/3

组织营销模式与其他营销模式的不同之处在于它独特的商业逻辑，直销、微商、社交电商、新零售、社区团购等都属于这个范畴。

二、组织营销的定义　/8

将消费者转化为经营者、运用倍增原理来裂变市场以及具有组织（团队）属性是组织营销的三个特征，缺一不可。

三、组织营销的特点　/11

组织营销模式既不同于传统行业，也不同于电商等新型行业。其销售渠道简单，经销商可通过线上线下点对点的形式直接将产品推销到消费者手上。

四、团队管控的必要性　/17

做好团队管控可以有效地提升个人成功率、提高整体工作效率、减少外事风险。团队管控需要在组织教育的基础上，搞定团队（思想建设和组织建设）和搞定自己（领袖打造）。

第二章　思想建设

一、认知的力量　/23

世界上许多冲突，究其根本是认知的冲突，观念源于对事物的认知，全面提高一个人的认知水平要从角度、高度、维度三个层面着手。

二、建设企业文化体系 /28

在组织营销领域，企业文化体系搭建主要包含愿景、使命、价值观。企业从其建立伊始，就应当承担相应的社会责任并履行相应的使命，诠释使命、愿景与价值观是企业领导人的首要责任。

三、企业文化体系落地 /42

企业文化体系落地就是把企业的文化理念体系落实到日常的工作行为中，传播企业文化常用的实用方法主要有：教育培训、表彰、规则、故事、视觉系和听觉系。

四、文化的冲突与兼容 /46

文化具有排他性和兼容性，让企业文化能够有计划、科学地快速渗透每个成员的思想，才能统一思想、统一行动、减少内耗、提升效率。

第三章　建立稳固的组织结构

一、认知组织结构 /51

完善的组织结构是企业业绩稳定增长并能健康良性发展的基础，在组织营销领域里，建立一个相对稳定的组织结构是必修的课题。

二、组织结构的关系链接形式 /55

在组织营销过程中，团队成员的关系从沟通互动到紧密度来讲，可以相对分为强链接关系和弱链接关系。两种链接相互呼应，在团队建设中各自起到不同的作用。

三、组织结构的魂—咨询线 /60

在组织营销领域，一个正确和完整的咨询线能影响整个团队的稳定，咨询线是事业成功的生命线。

四、组织结构的管理模式 /64

可复制的基本管理模式、扁平化管理模式、团队长管理模式，是组织营销中当下适用的管理模式。

五、团队长管理模式　/79

团队长在组织营销模式中，起着至关重要的作用，他们是市场的榜样，是团队领袖，是公司的顶梁柱，一些平台甚至将团队长纳入公司的股东体系，由此可见其价值。

第四章　组织教育

一、认知组织教育　/91

基于市场团队的特点，如果不以组织教育为基础，团队就会言行失控、工作效率低、人心不稳……因此组织教育的任务是：信念系统建设和业务系统建设。

二、认知信念系统　/95

信念在组织营销中发挥着巨大作用，要想建立坚不可摧的信念系统，就要同时建立六大信念，即：行业信念、公司信念、模式信念、团队信念、个人信念。

三、培训系统　/118

所有的培训，究其本质都是为了解决团队成员在市场中的“执行力障碍”，唤醒意识—调整认知、调整心态—提升意愿、训练技能—减少失误，是解决执行力障碍的解决方法。

四、会议系统　/131

在组织营销的领域中，经常会召开各种不同类型的线上和线下会议，如招商会、沙龙会、核心会、平会、研讨会等，不同类型的会议，其功能也不尽相同。

第五章　领袖打造

一、组织营销市场领袖的定位与职责　/142

组织营销的市场领袖不同于“政治领袖”和“商业领袖”，基于市场特点，其主要工作职责是：做好表率、凝聚核心、指导市场。

二、树立领袖权威 /146

市场领袖们需要树立权威，才能更有效地开展工作，在组织营销的市场领袖，其建立权威途径有行政权威、人格权威、专业权威。

三、领袖特质 /152

不同领域的领袖需要具备不同的特质和能力。根据行业的特性和需求，组织营销领袖必备“四大特质”，即高端定位、热切渴望、坚定信念、勇于承担。

四、领导能力 /167

组织营销领袖在必备“四大特质”的同时需要具备“五大能力”，即感召能力、教导能力、组织能力、学习能力、沟通能力。

五、再谈领袖 /179

在组织营销领域中，做领袖是一个有挑战性和艰难的工作，同时也能有丰厚的物质回馈以及全方位的能力提升和心境提升。

结语 /180

第一章

组织营销的定义和特点

集中起来办大事，组织起来好营销

一、认知组织营销

组织营销模式与其他营销模式的不同之处在于它独特的商业逻辑。如果你对“组织营销”的概念比较模糊，但你一定熟悉组织营销领域中的各个模式类型，直销、微商、新零售、社区团购、社交电商等都属于这个范畴。

1. 直销

直销是直销企业招募的直销员在固定营业场所之外直接向终端消费者推销产品的经经销方式，侧重以人及口碑为传播途径。

直销企业是指依照本条例有关规定经批准采取直销方式销售产品的企业。企业未经批准，任何单位和个人不得从事直销。

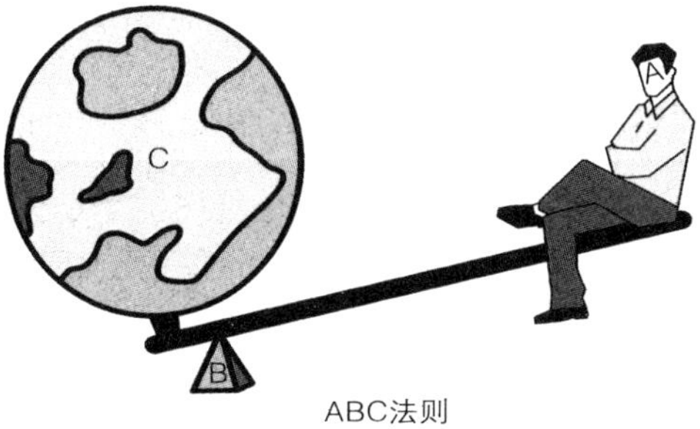

ABC法则

2000 年中国加入 WTO，承诺开放无店铺销售，中国直销立法被提上日程。2005 年 8 月，中国直销法的两部核心条例《直销管理条例》和《禁止传销条例》正式出台，中国直销行业进入有法可依的时代。

2. 微商

微商的概念是从 2012 年开始的。2012 年微信发布的 4.0 版本中更新了朋友圈功能。一经推出便迅速被一些营销人士利用进行销售，从而形成了微商。最开始微商主要是通过囤货在朋友圈发布广告进行售卖，主要是产品广告刷屏、产品销售成交晒单晒截图的方式，很多都是虚假宣传，再加上层层压货，让经销商苦不堪言。微商后来演变为卖家不需要囤货，直接与厂家合作，由厂家代发货，并借助分销模式迅速地扩大团队。

由于起盘门槛太低，大量的微商企业或团队蜂拥而上，竞争在短期内就进入白热化，炒模式、炒产品等各类营销招术此起彼伏。在极度浮躁的商业环境中，各类商品、模式，甚至是企业的生命周期都变得非常短暂，2015 年前后，垂直的微商模式开始靠向平台化的社交电商模式。

微商是个不太正式的名称，随着行业的快速迭代升级，部分微商开始转型为社交电商。

3. 社交电商

社交电商是指将关注、分享、沟通、讨论、互动等社交化的元素应用于电子商务交易过程的现象。具体而言，从消费者的角度来看，社交电商既体现在消费者购买前的店铺选择、商品比较等方面，又体现在购物过程中通过 IM、论坛等与电子商务企业间的交流与互动，也体现在购买商品后消费评价及购物分享等。从电子商务企业的角度来看，通过社交化工具的应用及与社交化媒体、网络的合作，完成企业营销、推广

和商品的最终销售。社交电商于 2015 年前后出现后，立刻风起云涌，以其代表企业云集于 2019 年在美国纳斯达克挂牌上市为里程碑，社交电商开始进入了新的阶段。

社交电商本质上是电商，是在传统电商获客成本越来越高、难度越来越大的趋势下产生的优化方案。由于其社交属性与直销和微商的社交裂变属性并无不同，因此在推出的瞬间就完成了与微商和直销的融合。

社交电商充分利用了直销的社交属性及转介绍裂变特点，以及承接了微商的低成本线上运作的优势，近年来取得了一定的成绩。但因其组织建设太过松散、进入门槛低等弊端，导致难以产生头部企业，慢慢出现了跟微商一样的困境。

4. 新零售

新零售是企业以互联网为依托，通过运用大数据、人工智能等先进技术手段，对商品的生产、流通与销售过程进行升级改造，进而重塑业态结构与生态圈，并对线上服务、线下体验以及现代物流进行深度融合的零售新模式。未来电子商务平台会有新的发展，线上线下和物流结合在一起，才会产生新零售。线上是指云平台，线下是指销售门店或生产商，新物流消灭库存，减少囤货量。

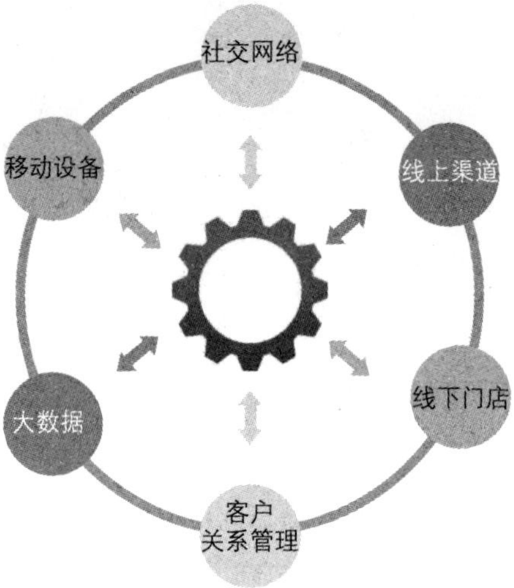

新零售的概念于2016年提出，迄今为止并没有一家真正意义上的符合新零售定义的企业。虽然有很多打着新零售旗号的各类知名企业的外挂平台，以及及时穿上新零售“外衣”的微商、社交电商、直销企业等，说到底都只是换了“马甲”的直销、微商、电商的结合体。

与社交电商及微商类似，由于其组织的松散性及进入门槛低等弱点，新零售企业在短暂的热闹后，也出现了大量业绩下滑的态势。

5. 社区团购

社区团购是真实居住在社区内的居民团体的一种互联网线上线下购物消费行为，是依托真实社区的一种区域化、小众化、本地化、网络化的团购形式。简而言之，它是依托社区和团购社交关系实现生鲜商品流通的新零售模式。

社区团购自2016年起就小有发展，2020年以来，新冠肺炎疫情改变了人们的消费习惯，社区团购迎来了爆发式增长。

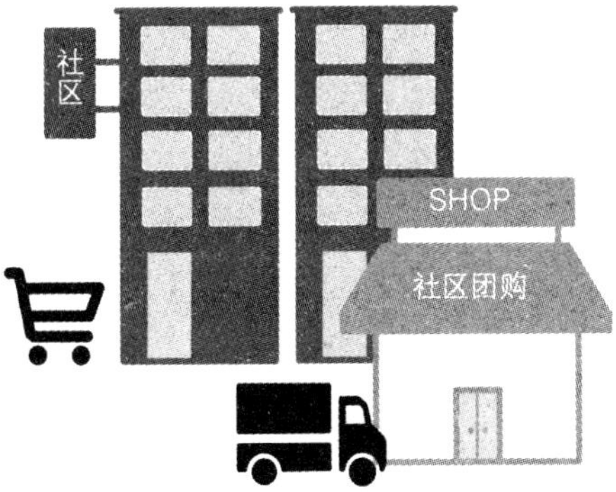

社区团购因其社交互动的属性，也属于组织营销范畴，对于其未来的发展，我们拭目以待。

几种组织营销范畴的商业模式比较，如表 1－1 所示。

表 1－1　几种组织营销范畴的商业模式比较

	直销	微商	社交电商	新零售	社区团购
公司类型	垂直	垂直	平台	平台	平台
组织链接	强	弱	弱	弱	弱
互动途径	线下	线上	线上	线上线下	线上线下

小结

纵观整个组织营销的发展历史，我们会发现，组织营销主要是由“团队”“产品”“分配机制”三个要素组成。就像是三脚架的三只腿一样，平衡而稳定。但在整个发展过程中，有些平台企业重视团队而忽略产品，有些公司重视产品而忽略团队建设，还有一些公司因为重视分配机制而轻视了产品和团队，这都会导致企业的发展失衡。

不论是直销还是社交电商、社区团购，也许商业逻辑会有所不同，但是，只要是采取了组织营销的模式，所遇到的问题都是一样的。

二、组织营销的定义

直销、微商、社交电商、社区团购以及各种类型的新零售在商业逻辑、分配机制、业务模式和业务流程上各有不同，但其市场裂变的本质是一样的。在实际工作中，所有的营销模式所遇到的问题是一样的。例如，团队长的管理与稳定问题、消费者引流转化启动成为经营者的问题、经营者之间的合作凝聚的问题、在市场上对经营者的管理问题等，这些问题是共性的。

所以，这些现有的模式及未来因此而派生的模式，都属于组织营销。我们认为，由经营者和消费者共同组成，相互角色转化及利益共享，按照既定的组织规则互动的营销体系，即称为组织营销。而符合此模式的所有行业都可以纳入到组织营销领域。

组织营销的模式有三个共同特征。

1. 将消费者转化为经营者

这种商业逻辑非常古老，自从有了商业就有了口碑相传，就有了将消费者变成经营者的行为，只不过在电子计算机出现以前，很难将消费者的推广行为精确地计算成具体的货币价值，因此，几千年来，消费者的推荐行为一直处于自动自发状态。

直销得益于科技的进步而产生，电子计算机的出现导致了直销的产生，通信工具的普及推动了直销的发展。

移动互联网的发展导致了微商的产生，接着又导致了社交电商和新零售的产生，并推动组织营销家族继续发展壮大。

但不论科技怎样发展变化，将消费者转化成经营者的模式不会消失，只会越来越广泛地普及运用，这是不可逆转的趋势。

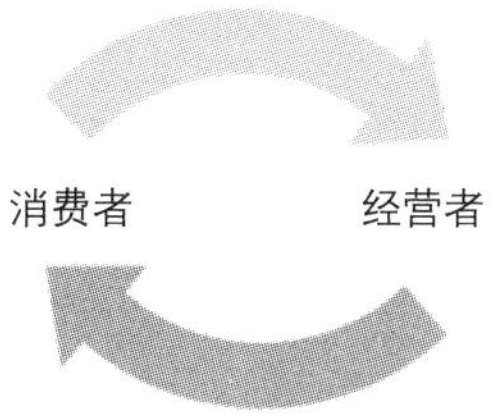

2. 运用了倍增原理来裂变市场

阿基米德在棋盘放米的典故，讲的是裂变倍增的力量；在组织营销领域，财富倍增的故事，每天都在上演和传播。

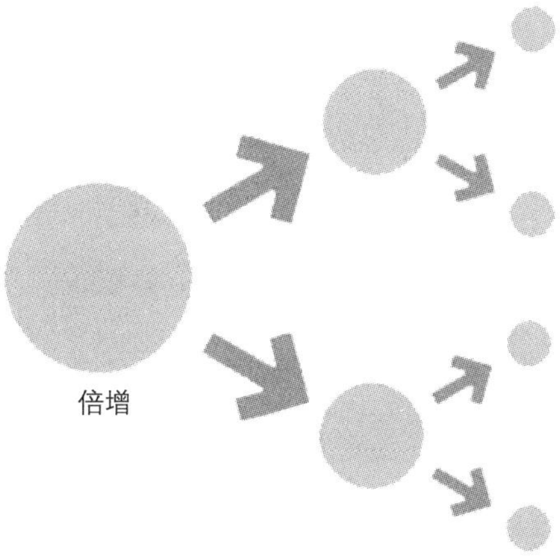

这不只是理论，这是整个组织营销模式存在的基本逻辑，也是推动

整个商业模式前进的原始力量，没有裂变倍增，这些平台和公司根本没有存在的理由。

3. 具有组织（团队）属性

之所以叫作组织营销，是因为这样的模式具有很强的组织属性，有共同的价值体系及共同的目标体系，有相对稳定的组织结构（弱于传统企业），也有相对固化的业务及管理的技术标准流程。

组织

多年来，在组织营销领域的发展和变迁中，我们也观察到，凡是在团队组织建设上下了功夫的平台企业，其市场和业绩都相对稳定，而不重视教育和组织建设的平台，则容易在大起大落中慢慢消失。

组织营销的这三个特征缺一不可，具备这三个特征的平台企业属于组织营销范畴，而属于组织营销领域的企业则必须在以上三个特征上下功夫，才能让自己在这个领域中脱颖而出。

三、组织营销的特点

组织营销模式既不同于传统行业，也不同于电商等新行业。其销售渠道简单可复制，经销商通过线上线下点对点的形式直接将产品推销到消费者手上，而且每个消费者都可以加入其中变成经营者（图 1 - 1）。与传统的营销模式相比，组织营销模式有以下特点。

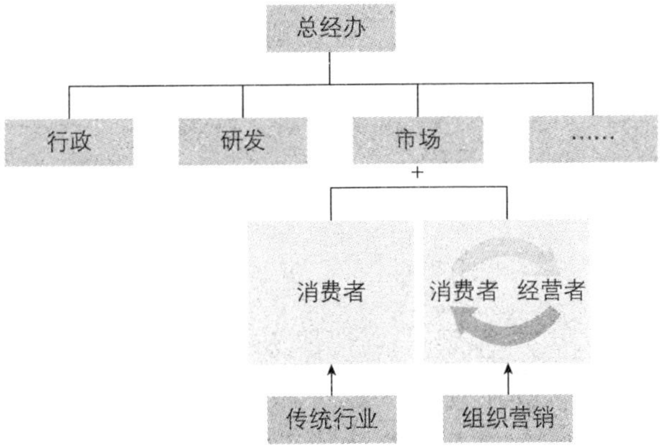

图 1 - 1　由消费者与经营者共同组成的经销商体系

（一）组织营销的行业特点

1. 由消费者与经营者共同组成巨大的经销商体系

在这个领域中主要采取人海战术，以多胜寡。传统的企业市场营销部一般十几个人，虽然也有上百或上千人，但是组织营销领域中，从事市场营销工作的人少则几千人，多则数十万人甚至上百万人。

所以在这样的公司中，除了要销售产品服务顾客以外，还需要培训和稳定经销商系统，为这样的人群提供有别于其他行业的服务工作。这是组织营销平台公司的特别之处，而其他部分与普通公司并无不同。

2. 由消费者和经营者共同组成

当我们在讨论商业模式时，总是会谈到 to C（Consumer 消费者）和 to B（Bussiness 商业机构），也就是对消费者销售还是对商家销售。组织营销不是这么简单地区分，这里是既 to C 也 to B，C 转化为 B，B 同时也是 C。

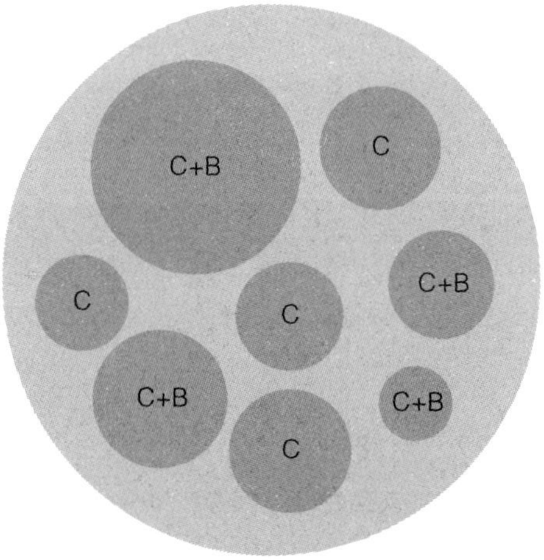

C：消费者 B：经营者

这个领域中的人群不是由企业招聘而来的，他们往往是通过了解产品，并因自用产品受益，而企业还能给愿意推荐产品的人提供一定的推荐奖分配，让大家乐意加入其中成为经销商，同时，经销商可以继续消费产品，享受产品服务。因此，每一位消费者都是潜在的经营者。

3. 业务模式独特

传统意义上的销售产品和维护客户的行为只能占据经营组织营销事业很少的工作份额，做全国市场还需要更多的精力去做教育培训、组织管理等方面的工作。

每一个投身于组织营销的经营者都需要完成四个身份的成长和转化：热爱产品的“消费者”转化成从事销售和服务工作的“经营者”；当组建了业务团队后，要从“经营者”成长成为带动和辅导团队成员的“管理者”；当业务团队不断壮大后，还需要从“管理者”成长为能展开组织和培训工作的“领导者”（图1－2）。

在整个过程中，这个当初的产品爱用者已经在心态和能力方面得到了很大的提升，同时其收入也随之得到大幅提升，完成了精神和物质的双丰收。

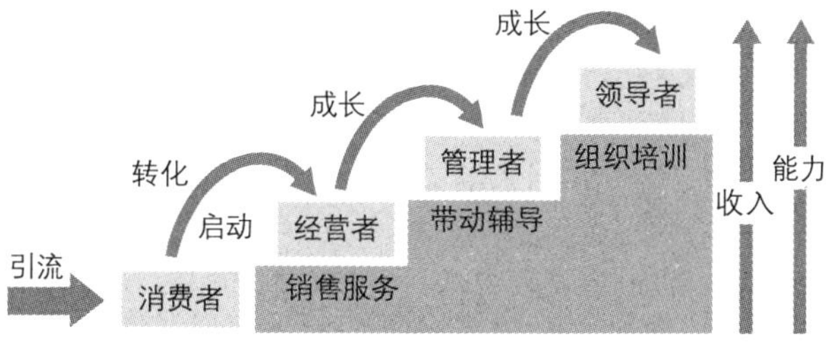

图1－2　组织营销的经营者需要完成的四个身份

（二）组织营销的经销商团队特点

在传统行业中，团队成员都是企业招聘而来，薪资由企业支付，每个人与公司都是雇佣关系，每个部门也存在上下级或者左右平级的行政关系。

但是，组织营销中的成员相互之间都是平等合作关系，企业与市场团队是平等的，团队成员之间也是平等的，区别仅在于推荐与被推荐、加入团队的时间先后顺序不同而已。

这样的关系如果没有雇佣关系作为纽带，也难以实施行政手段，因此，组织关系较为松散，导致团队管理困难，所以更需要统一思想，通过思想建设去引领和带动团队。

俗话说，世间一切，冥冥之中自有吸引力。组织营销行业的独特性营造出区别于传统行业的磁场氛围，特定的组织关系吸引着与之契合的人才加入，呈现出典型的团队特点。

1. 工作自由，组织素养差（成也自由，败也自由）

由消费者转化为经营者，这是自由的。进退自由、参与自由、投入自由，其自由的特性吸引了大批热爱自由的业务人员加入。

然而，自由也给市场管理带来了很大的难度。没有雇佣关系，就很难提出行政化要求，团队成员也不可能有明确的身份定位，缺乏身份感，更缺乏自我定位的意识和方法。

针对以上因素，团队建设过程中就更要注重团队成员的角色化培训，帮助大家找准定位，扮演好自己的角色，从而更清晰自己的工作方向，去配合团队。

2. 感性、业务型人偏多（谈单厉害，管理很弱）

这种情况主要是由市场职位特性决定的。众所周知，客户在购买产品时，最终下决定成交往往不是理性的分析，而是感性的冲动。因为人是不容易被说服的，但很容易被感染。

当一个销售员更感性时，身上散发的激情和热情就更能感染客户，更容易成交，在组织营销的领域中拿到结果。

所以，能在组织营销团队里生存下来的，99%都是感性的业务人才。但是团队需要做大和稳定的发展，“感性”反而变成了障碍，因为管理是理性的、组织是理性的、规划是理性的。

当然，感性和理性没有对错，各有优劣势。感性的人往往缺乏理性的思考，不注意总结工作经验、梳理工作流程。因此，针对这样的人群就更要加强团队工作的标准化和流程化，让工作变得简单，减少失误，提高效率。

3. 职业化程度偏低（个性十足，效率偏低）

一家规范的企业是具备职业化素养的，不论是对内部的管理还是对市场的开发销售和服务，都会有一套相对成熟的营运管理模式、岗位职责、工作流程等以供成员依循。企业在增员时，人力资源部门会有一套标准来寻找适合的员工，所以企业可以寻找适合的操作员来操作经过科学设计的流水线，从而提升企业的职业化水准。

但是，组织营销的模式因为其“自由”“感性”等特性，市场工作

难以形成统一的流水线工作形态，只能相对完善。同时，因为团队成员是由消费者转化而来的，所以业务层次参差不齐，不一定能准确理解和配合统一的工作流程。

如果平台公司比较偏重市场拓展，缺乏职业化教育的意识或方法，团队成员将更难以自我规范。

要想做好团队管控就要成立专业研发团队去市场做针对性的调研，设计相应的职业化教育培训体系，在公司行政支持下推进落地，培养团队的职业素养，掌握职业技能，全面提高团队的职业化水平，才能有效提升工作效率和市场成功率。

小结

不论是组织营销的市场还是经销商团队，都有非常鲜明的特点。这也是很多传统企业想要引进组织营销模式却不适应的地方，也是最难以理解的地方。如果能在这些地方理解了，也就容易理解组织营销模式中一些特异的团队行为和市场行为了。

四、团队管控的必要性

商界的绝对真理为数不多，但关于团队的理论还是有的，因为成功的商业背后必然有一个强大的运作团队。团队协作在企业运营中所发挥的巨大作用是有目共睹的，而组织营销的属性更是决定了其是一份靠团队才能成功的事业。

如何带兵打仗、如何管控团队是一个研究不完的课题，没有标准答案。但我们都清楚，只有做好团队管控才会产生巨大的成效。

（一）团队管控的价值

1. 提升个人成功率

每一个由消费者成功转化为经营者的团队成员，都是因为梦想被激活而启动起来的。因此，在平台上通过努力拿到结果，就成了每个成员的期待。经过大数据测算，组织营销的成功率大概在1%～5%（团队管控越好，成功率越高），这个数字虽然远远高于传统行业的创业成功率，但对于另外95%～99%的人来讲就是失败。组织营销行业的从业人员基数巨大，因而创业失败的百分比远远高于其他行业。这也是组织营销模式一直被人诟病的主要原因。

提升个人成功率

通过适当的组织管控，能有效降低因“自由”“感性”“不够职业化”等行业特点而导致的失败率，当然，也就是提高了个体成功率。

2. 提高整体工作效率

团队由个人组成，团队中的每个人往往经历不同、背景不同、性格有差异、能力水平有差异。做好全面的团队管控，让思想统一，分工职责明确，减少内耗、增加凝聚力，流程完善清晰，团队成员职业水平匹配，就能有效地降低人员流失率，从而使团队行必有果，显著提升工作效率。

提高工作效率

3. 减少外事风险

组织营销模式的属性势必会吸引一些抱着快速获取金钱的目的而来的团队成员，如果没有做好团队管控、提高大家的思想高度、制定红线制度和规范行为，那些浮躁、唯利是图的人就容易为了业绩夸大产品功效，乱做不切实际的承诺，从而引起不良的社会舆论，甚至因遭到消费者抵制而拖累公司，折损品牌。

减少外事风险

（二）如何做好团队管控

在组织营销领域，做好团队管控主要从四个部分进行着手：思想建设、组织建设、领袖打造、组织教育。

领袖打造是通过提升市场领袖的定位和培养其专业能力等方式，解决团队的“头部”问题。

思想建设和组织建设的目的是为了管控市场营销团队，提升整个营销团队的职业水平，进而提高工作效率。从严格的划分来说，思想建设其实属于组织建设的一部分。思想建设是文化建设，是团队凝聚的灵魂，有助于凝聚团队；组织建设是为了让整个组织有序地展开工作，提升工作效率，减少失败率。

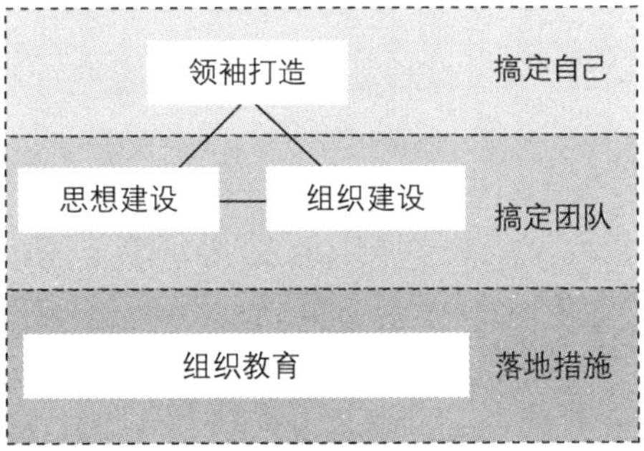

团队管控

企业的组织建设是一个浩大的工程，例如生产系统、管理系统、营销系统、财税系统、服务系统等（在本书不属于我们讲解的重点）。这里的“组织建设”主要定位为狭义的市场营销团队。

根据组织营销市场的团队特性，本书将深度剖析选择“强链接组织关系”和“弱链接组织关系”的优劣势对比，并提出科学的组织管理办法。

此外，很多人在团队遇到瓶颈时习惯归责于他人，获得成果时归功于自己，这也是领导层意识当中很大的误区。要想打造团队，最核心是先打造自己；要想打造战斗力爆表的团队，就要先定位自己。以成功的领袖素养和能力来要求和打造自己。

教育是团队管控的基础，经过组织教育的市场团队，与人互动有规矩、团队互动有规则、市场行为有标准，这样的团队定能攻无不克战无不胜。培训和会议是教育落地的重要手段，不管是思想建设还是组织建设，都只有在教育土壤的滋养下才能生根发芽，茁壮成长。

小结

组织营销分为“组织”和“营销”两个部分，组织是为了更好地营销，所以“组织营销”的本质还是零售。组织的目的是为了开发更多的产品受用者和产品推广者，有了更多的产品推广者，又需要更科学更高效的管理模式和技能。这就是组织营销的基本逻辑，其他的一切都是在方法和技能上的增加演绎而已。

第二章

思想建设

企业文化是为了提升共性、减少个性

一、认知的力量

认知是指人们获得知识、应用知识或信息加工的过程，这是人的最基本的心理过程。它包括感觉、知觉、记忆、思维、想象和语言等。人接受外界输入的信息，经过大脑的加工处理，转换成内在的心理活动，进而支配人的行为，这个过程就是信息加工的过程，也就是认知过程。

人的认知能力与人的认识过程是密切相关的，可以说认知是人的认识过程的一种产物。一般说来，人们对客观事物的感知（感觉、知觉）、思维（想象、联想、思考）等都是认知活动。

这里所讲到“认知”主要说的是认识过程的产物，也可以通俗地理解为观念或看法。

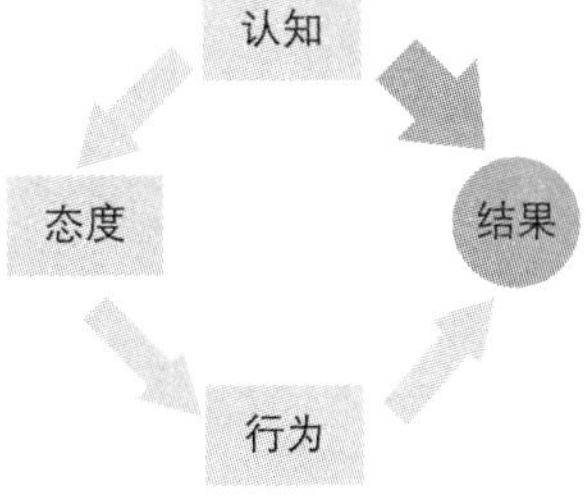

一本书、一场培训、一次经历、一个故事，甚至一句话都有可能彻

底改变一个人。

我们会发现改变了一个人的认知，就等于改变了这个人，因为改变了认知就是改变了观念，而观念的改变会导致对待事物态度的改变，态度的改变会影响到行为的改变，而行为会直接导致结果的发生。正所谓“播下一粒思想，收获一种行为”。

世界上许多冲突，究其根源是认知的冲突！小到夫妻冲突、同事冲突，大到宗教冲突、国家冲突。所以在团队内部建立良好的沟通机制，统一思想，达成共识，减少冲突，才有可能凝聚人心，达成目标。

观念源于对事物的认知，全面提高一个人的认知水平要从角度、高度、维度三个层面着手。学会从不同角度看问题，能相互理解；学会站在更高的定位看问题，能相互包容；学会以更高的维度看问题，则能遇事从容。

1. 角度

角度是指观察事物的方向或观点。很多争执不下的矛盾源于每个人都认为自己是对的，别人是错的。殊不知每个人看事物的角度不同、观点不同，语言行为的方式自然有所差异。

换角度思考问题也是一个人提升情商的重要方式，我们发现情商高的人都很“善解人意”，那是因为他们已经养成了经常换位思考的习惯。

在实际工作，经常需要引导团队成员换位思考，甚至需要通过培训或会议等形式影响所有团队成员换角度看待和思考问题，这是团队思想建设的重要前提。

2. 高度

高度是人内心境界所达到的程度。每个人衡量事物的标准不同，认知也不同，正所谓一千个读者就有一千个哈姆雷特。认知高度不同的人，看到的世界是不一样的。有人如麻雀停于树梢，看到的世界只有几丈之高；有人如鸿雁止于云层，飞不出层层云雾缠绕；有人如雄鹰冲上云霄，看到的世界阔如浩瀚宇宙。

提升团队成员的高度，有助于统一大家的认知，减少纠结和计较，也能减少因认知不同而产生的分裂与内耗。

3. 维度

维度是指想象中视野能达到的空间程度。刘慈欣科幻小说《三体世界》中，有种“二向箔”的武器可以把所有接触者从三维降到二维。“降维打击”一度成为“商业战场”上热议的词语，即，要能形象地说明站在更高维度看问题，能看到事物的本质，了解事物更全面彻底。就像看待工作一样，低维度的人只是把工作看成赚钱谋生的手段，而维度稍微高一些的人会将工作看成将自己的价值奉献给社会的方式，更高维度的人会将工作看成穿越生命超越小我的途径（图2－1）。

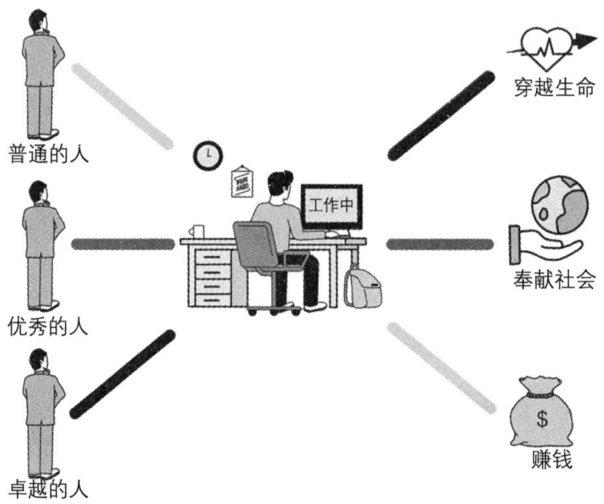

图2－1　维度不同看待问题不同

维度不同，一般来说高维能理解低维，而低维却无法理解高维，就如我们生活中经常讲的“坐井观天”一样。

不论是个人还是企业，都需要在成长学习中提高自己的维度。对于个人来说，抱怨他人是低维度的，感恩他人则是高维度的；害怕失败是低维度的，面对并超越失败是高维度的。对于企业来说，卖服务是高维度的，卖产品是低维度的；卖标准是高维度的，卖技术是低维度的。在企业发展中提升企业维度，能帮助企业制定更宏观的战略，为核心竞争力建立更高的壁垒。

小结

企业要保持自己的团队凝聚力、市场战斗力，传承经营理念，就需要不断强化团队的思想建设，以此来统一团队的认知，放大团队成员的格局，提高发展的天花板，释放团队成员内心的能量。

而思想建设的实施方法就是搭建企业的文化体系并落地。

二、建设企业文化体系

企业文化是在一定的条件下，企业生产经营和管理活动中所创造的具有该企业特色的精神财富和物质形态，可以简单理解为企业想要创造的社会价值。企业的商业模式则是为了将企业社会价值最大化所制定的商业手段。

企业文化的形成，与创始人的个性有很大的关系。如果说资本家是人格化了的资本，那么企业文化所折射的则是创始人的人格和理念，体现的是创始人所秉持的世界观、人生观和价值观。企业文化是创始人文化的窗口，创始人文化是企业文化的精神内核。

企业文化对企业的生存和发展有着不可替代的重要作用。在商业战场中，任何的创业手段和商业模式都可以被模仿，但是企业文化却是唯一的。企业文化可以提高企业的定位，定位越高，企业在市场中越有号召力和竞争力。

团结是企业成功的重要条件。企业文化可以使团队思想、意识、理念紧密融合统一，形成与企业发展相符的集体行为意识，有利于提升企业凝聚力。

此外，很多企业总是在制定战略的路口摇摆不定，就如浮萍一样，外界市场环境一变化就容易被影响。什么产品好卖就卖什么，什么模式好推动就制定什么，跟随大流，永远在追逐的路上。优秀的企业文化能够为企业经营管理指明方向，是企业制定方针策略有效的依据，对企业的发展起着重要的导向作用。

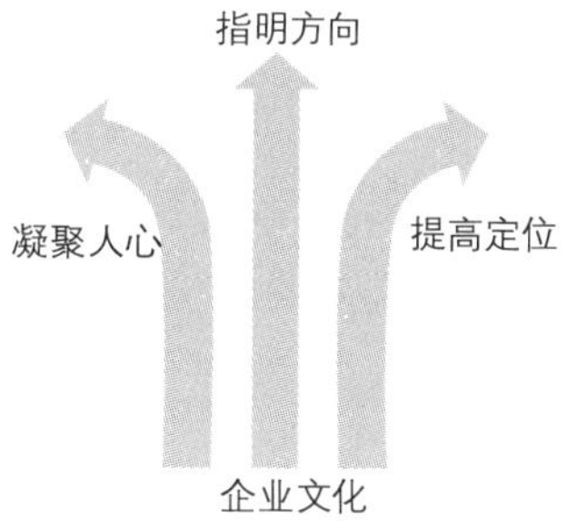

在组织营销领域，企业的文化体系搭建主要包含愿景、使命、价值观三个方面。企业从其建立伊始，就应当承担相应的社会责任并履行相应的使命。诠释使命、愿景与价值观是企业领导的首要责任。

愿景是企业的终极目标，而践行使命是为了达成愿景，价值观则是为使命和愿景的实现保驾护航。我们可以将愿景理解为我们要乘火车去旅行的目的地，价值观则告诉我们哪条路能走哪条路不能走，使命就是我们要乘坐的火车，即我们到达目的地的方式方法是什么。

（一）企业愿景

愿景是指希望呈现的某一种景象，是一种向往，是人们前进的方向。企业愿景则是组织成员发自内心深处共同持有的真实愿望和远大景象，是组织前进的方向。

企业建立愿景，就是要明确希望带领团队实现什么样的景象。

案例

吉利汽车：让每一个中国老百姓都拥有自己的汽车。

迪斯尼乐园：建立一个让全天下人开心的乐园和去处。

1. 愿景的重要性

在组织营销领域，有没有共同愿景对于团队成员来说，看似表面微小实际却有十分重大的差距。

愿景为企业指明了前进的方向。人无远虑，必有近忧，企业有清晰的长远目标，就不会因外界市场变化而茫然失措，减少失误才能走得更远。大家奔赴共同愿景，目标统一，思想统一，形成团队强大的凝聚力。

如果团队成员能充分认同企业愿景，把共同愿景视为自己的人生目标，为实现愿景甘愿牺牲小我奉献自己，就不会是对企业的被动式遵从，有的只是对企业的热切信念和真诚奉献，从而在实现个人目标的过程中累并快乐着。

2. 如何提炼企业愿景

建立愿景不是一蹴而就的工程，它的建立和完善需要细致的工作和漫长的过程，虽然在这过程中创始人发挥了巨大的影响作用，但不只是属于创始人所有。

企业愿景应由创始人提出，经组织核心成员共同讨论制定，获得组织一致的共识，形成大家愿意全力以赴的未来方向。

提炼把握的原则是：愿景可以即时实现，并永远为此奋斗。

附：愿景提炼清单

1. 你想创造一种什么样的社会景象；这个景象是否符合未来趋势；是否违背公序良俗。

2. 你为你的客户创造了什么样的景象，是他们想要的吗。

3. 请用一句话提炼出这景象的主旨（企业愿景）。

案例

“无用之宝”企业愿景：人人活出生命价值

在二十多年的教育培训生涯中，我们看到了每个生命为了梦想而努力，但往往会因为观念、心态、能力等方面的障碍难以突破，无法体现个人价值。

我们希望“人人活出生命价值：健康、富足、和谐”。这是社会需要的，也是我们服务的每一个对象需要的，同时也是我们自己需要的。

这个愿景能即时实现：课程中每一个学员的改变、课后每一个目标的实现，我们都在实现愿景；同时我们看到还有更多的生命需要突破，所以我们永不停息：培养更多的老师，服务更多的企业，帮助更多的生命。

（二）企业使命

在企业愿景的基础上，使命是具体定义企业在全社会经济领域中所经营的活动范围和层次，具体扮演的身份或角色，是指对自身和社会发展所作出的承诺。

建立企业使命，就是明确我们要为了谁的什么利益而全力以赴。

案例

中国移动：创无限通信世界，做信息社会栋梁。

微软：致力于提供使工作、学习、生活更加方便、丰富的个人电脑软件。

沃尔玛：给普通百姓提供机会，使他们能与富人一样买到同样的东西。

华为：聚焦客户关注的挑战和压力，提供有竞争力的通信解决方案和服务，持续为客户创造最大价值。

1. 使命的重要性

在组织营销领域，团队中经常会说“一群人、一件事、一辈子”，使命就是指“一件事”。但其实不是每个公司或者团队都真正理解并身体力行，使命不应只是一句口号，而是发自内心努力去实现的事情。

在经营过程中，使命让团队更有方向感。使命不是一成不变的，而

是一个历史的范畴、动态的概念，在不同时期有不同的内涵。使命主要解决的是战略方向问题，也就是明确企业当下最重要的工作是什么，特别是在生死攸关的重要决定上，使命往往会起到重大的作用。

一个崇高、明确、富有感召力的使命能感染更多的人加入团队，也能让团队成员内心更有能量。每个人都有社会认同感的需求，追求使命的过程能让团队成员活出价值感。使命感越强，对生活与工作的热情越强烈，责任感越强烈，越能坚强不屈、百折不挠。

案例

董存瑞，1929 年生，河北省怀来县人。他出身于贫苦农民家庭。抗日战争时期，当过儿童团长，被誉为“抗日小英雄”。1945 年参加八路军，1947 年加入中国共产党。他军事技术过硬，作战机智勇敢，先后立大功 3 次、小功 4 次，获 3 枚“勇敢奖章”、1 枚“毛泽东奖章”。1948 年 5 月，中国人民解放军攻打隆化城的战斗中，董存瑞危急关头挺身而出，毅然抱起炸药包，冲向敌人的暗堡，毫不犹豫地用左手托起炸药包，右手拉燃导火索，高喊：“为了新中国，冲啊!”敌人碉堡被炸毁，董存瑞以自己的生命为部队开辟了前进道路，牺牲时年仅 19 岁。在他牺牲后便延续至今的董存瑞班，依然为他保留着床位，每天早上点名时第一个被点的名字永远是“董存瑞”。

中华民族是崇尚英雄、成就英雄、英雄辈出的民族，不同历史时期有不同的使命。董存瑞同志用鲜血和生命诠释了中国共产党的初心和使命，他英勇顽强、视死如归的英雄形象激励着一代又一代中国共产党人汲取力量，奋勇前行。

2. 如何提炼使命

很多公司都有自己的使命宣言，通常是一两句引人入胜并难以忘怀的语句。使命宣言不一定要用华丽的辞藻，最重要的是要凝结公司文化的核心与灵魂，激发企业想要达成目标的欲望。

附：使命提炼清单

1. 为达成愿景，你毕生要做的一件事是什么（只写一件）。

2. 你为什么要达成愿景，达成你会得到什么，达不成你又会失去什么。

3. 请用一句话提炼出使命的主旨（企业使命感）。

案例

“无用之宝”企业使命：引领行业正向健康发展

当公司确认了“人人活出生命价值”作为企业的愿景后，我们在思考要怎样做才能实现这个伟大的愿景呢？在二十多年的培训教育生涯中，我们深深地知道，人是环境的产物：好的环境会让坏人变成好人，而坏的环境能让好人变成坏人。如果我们想要“人人活出生命价值”，那么打造环境将比帮助一个一个的人来得更有效果。

于是我们选择了组织营销领域来作为努力的阵地，这里有几个优势是可以借助的。一是人多，这是个劳动密集型模式，这个领域有几千万人在追寻梦想；二是这里的人都需要学习，甚至是重复学习，这里的学习不只是学习，还是大家运作市场的方法；三是大多数的公司和系统需要专业系统落地的教育方法，而恰好我们很擅长。

基于这三个原因，我们提出了企业的使命：引领行业正向健康发展。这是一件事，是需要我们毕生投入的一件事，做好这件事，企业愿景自然就能实现。

（三）企业价值观

企业价值观是企业决策者对企业性质、目标、经营方式的取向所做出的选择，指企业在追求经营成功的过程中所推崇的信念及奉行的行为准则。

建立企业价值观就是界定公司经营过程中什么事能做，什么事不能做，提倡什么，打击什么，支持什么，反对什么。价值观不是着力于某一个点，而是代表一个范畴，是一个长期形成的价值体系，这个价值体系反映了公司对事物重要程度的排序。

企业价值观是以创始人价值观为主体，在企业的经营过程中慢慢成熟完善起来的。

企业价值观很难讨论得来，因为参与讨论的人中，每一个都有不同的认知和理解，因此在讨论中一定会导致更多的争论与分歧。所以，企业价值观主要由创始人来制定，或创始人制定基本原则，由团队成员来慢慢优化完善。

企业价值观不容讨论，团队成员要么接受配合，要么离开这个平台。留下的自然都是价值观统一的。

在组织营销领域，价值体系主要包含企业宗旨、企业作风、企业行为准则、企业司训、企业客户观、企业产品观、企业人才观等（图2－2）。

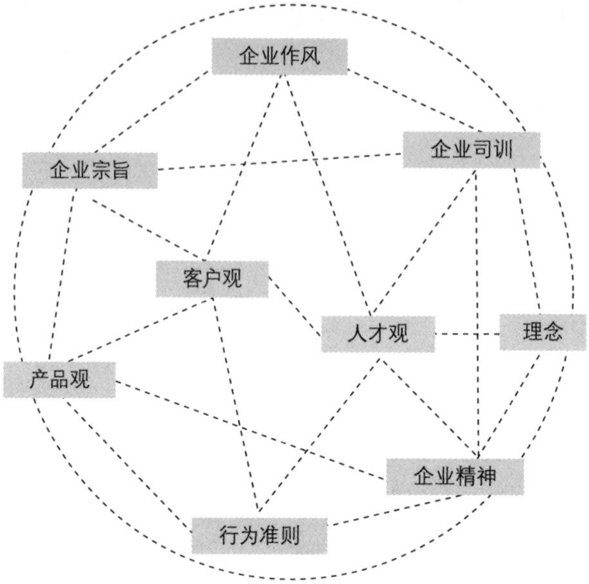

图2－2　企业价值体系

1. 价值观的重要性

价值观是一把企业经营过程中行为边界的标尺，是衡量是非的准则，可以有效地规范组织行为，树立公司形象和品牌，让企业更安全。

不管社会如何变化，产品过时、市场变革、新技术涌现、管理时尚瞬息万变，优秀的企业都会自始至终地践行价值观，当企业内部利润、效率和创新发生矛盾时，价值观能指导企业去作出选择，并得到自上而下的认同和理解。

价值观的重要性具体来说有以下几方面。

（1）精神支柱

企业价值观为企业的生存与发展确立了精神支柱。企业价值观是企业领导者与团队成员据以判断事物的标准，一经确立并成为全体成员的共识，就会产生长期的稳定性，甚至成为几代人共同信奉的信念，对企业具有持久的精神支撑力。当个体的价值观与企业价值观一致时，团队成员就会把为企业工作看作为自己的理想奋斗。一个企业如果能使其价值观为全体员工接受，并为之自豪，那么企业就具有了克服各种困难的强大的精神支柱。

（2）导向规范

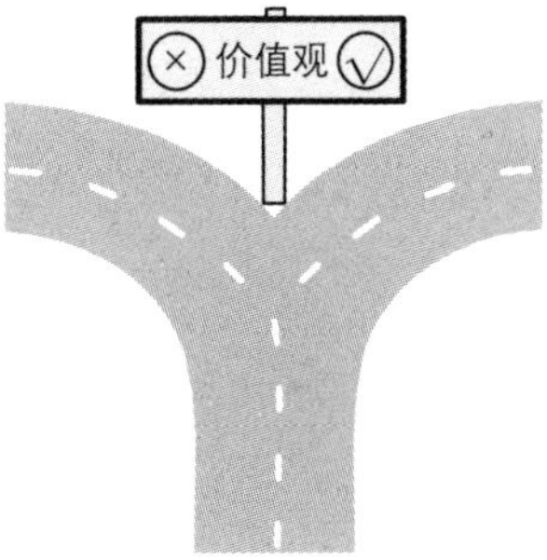

企业价值观对企业及团队成员的行为起到导向和规范作用。企业价值观是企业中占主导地位的管理意识，能够规范企业领导者及成员的行为，使企业成员很容易在具体问题上达成共识，从而大大节省了企业运营成本，提高了企业的经营效率。企业价值观对企业和成员行为的导向和规范作用，不是通过制度、规章等硬性管理手段实现的，而是通过群体氛围和共同意识引导来实现的。

当企业或者企业个人在企业运营过程中面临矛盾，处于两难选择时但必须有个决定的时候，支持这个决定的便是价值观。

（3）产生凝聚力

企业价值观能产生凝聚力，激励员工释放潜能。企业的活力是企业整体力（合力）作用的结果。企业合力越强，所引发的活力越强。具体做法是：

第一，以企业领导人的言传身教来树立统一的价值观。成员的企业价值观并非天生的，需要企业的灌输与宣传，经过不断的潜移默化影响，团队成员才能逐渐接受并内化为企业价值观。在这个过程中，需要企业领导人的倡导与宣传，宣传工作可以深化对价值观的认识。

第二，健全配套机制，使企业价值观渗透到企业日常经营管理过程中的每一环节。

第三，塑造企业精神。包括一个企业所应有的企业传统、时代意识、基本信念、价值观、理念。成功的企业都拥有自己的企业精神。

2. 如何提炼价值观

企业价值观是企业经营者或者组织成员发自内心的肺腑之言，是在企业经营过程中身体力行并坚守的理念，是经得起时间的考验、一旦确定就不能轻易改变的。

（1）企业宗旨

企业宗旨是关于企业存在的目的或对社会发展的某一方面应做出的贡献的陈述，有时也成为企业使命，但严格来讲，企业宗旨属于企业使命的一部分，解决的是“我们将成为什么样的企业”的问题。

附：企业宗旨提炼清单

1. 企业的终极目标是要给客户带来什么样的核心价值，为客户解决什么核心问题。

2. 企业有无区别于同行的独特之处，该独特之处同行有没有提出。

3. 企业经营的基本准则是什么，即公司为客户提供什么。

4. 用一句话表达公司的宗旨（企业的宗旨）。

（2）企业作风

企业作风是企业内质的外在表现，指企业发展过程中长期积累形成的一种风气。表面上企业作风看不见、摸不着，但它却影响着企业的发展方向和经营行为。

附：企业作风提炼清单

1. 公司在经营过程中倡导什么样的行为作风，为什么。

2. 公司最讨厌团队成员的哪些行为。

3. 公司最欣赏团队成员的哪些行为。

4. 哪些行为会得到客户的认可并促成成交，成员具备什么样的行为作风公司会委以重任。

5. 用一句话提炼出企业行为作风的主旨（企业作风）。

（3）企业行为准则

企业行为准则是企业理念中对企业及员工进行总体约束的标准原则，让大家在行为上约束自己，在自律中树立企业的良好形象。

附：企业行为准则提炼清单

1. 在执行过程中，企业最在意的结果是什么。

2. 在执行过程中企业最痛恨什么。

3. 什么要求会让团队成员工作效率更高。

4. 用一句话提炼出行动准则的主旨（企业行动准则）。

（4）企业司训

企业司训是指围绕公司的核心价值观提出的教导性句子，类似于校训、院训类的口号型语言。

附：企业司训提炼清单

1. 每一位公司成员在公司工作对他的重要意义是什么。

2. 经营共同事业的团队成员必须奉行的自我要求是什么。

3. 请写出 2 ~4 句随时提醒公司成员的话。

4. 提炼出公司司训的主旨（企业司训）。

（5）企业客户观

企业客户观是指针对企业服务对象提出的服务性标准，或行为准则，以此建立一种企业与客户长期、稳定、互利的关系。一旦建立这种关系，企业很难受到竞争对手的冲击。

附：企业客户观提炼清单

1. 描述一下公司的客户是谁，是具备什么样特质的一群人。

2. 公司将用什么样的态度对待客户，为他们的什么利益而全力以赴。

3. 公司的产品（服务）的特质是什么，这种产品（服务）的哪些特质让客户感动。

4. 用一句话提炼出客户观的主旨（企业客户观）。

（6）企业产品观

企业产品观是指针对企业向社会提供什么样的劳动成果而形成经营指导思想。这种指导思想要以客户需求为中心，与企业的整体理念和品牌文化保持一致。

附：企业产品观提炼清单

1. 公司所生产或服务的核心产品是什么，这些产品有什么独特之处。

2. 客户在公司买产品或服务最在意的是什么，客户很在意而对手又没有或做不好的是什么。

3. 客户在公司接触中最想得到的是什么。

4. 用一句话提炼出产品观的主旨（企业产品观）。

（7）企业人才观

企业人才观是指企业对于人才的本质及其发展成长规律的基本观点。人才观在企业人才的引进、培养、教育、使用、考核等方面发挥着至关重要的作用。

附：企业人才观提炼清单

1. 列出公司成员应具备的5个特质，或应具备的5个人格特点。

2. 哪种特质（含人格、专业）在企业最容易产生效益。

3. 列出在公司受到表扬的人或重要的人，表扬他们哪些方面？

重点提醒

1. 文化体系的建立不是一蹴而就的，而是逐步完善的过程。

2. 内容不是越多越好，而应该梳理透彻，输出简单。

3. 重点找到关键词，把文化变“白话”。

4. 文化需要有独特性，有别于同类型的公司。

三、企业文化体系落地

相较于企业的各种硬件设施，企业文化在企业建设中一直处于“虚”的位置，但不懂务虚就不会务实，甚至“虚”具备了比“实”更强大的能量。

对很多企业来说，创始人对企业文化的重要性不会怀疑，但企业文化不能“落地生根”是思想建设的最大问题。企业文化不应只是挂在墙上、说在嘴上的标语，而是要能够真正成为不折不扣的行为，具有可传承、可持续、可落地的价值。

企业文化落地就是要把企业的文化理念体系落实到日常的工作行为中，关键点在于让所有团队成员看到、听到、体验到，让大家充分理解、认同并转化为对公司坚定不移的内在信念，形成一种文化观念与行动结合的状态。

从宏观上诠释企业文化体系，应称为企业文化识别系统（CI），其内容主要包含三个方面：企业视觉识别系统（VI）、企业理念识别系统（MI）和企业行为识别系统（BI）。在本章，主要介绍组织营销领域中，传播企业文化的几种常见的实用方法图 2－3 所示。

图 2－3　文化落地的常见方法

1. 教育培训

教育是传播企业文化最重要的方法。培训与会议是教育最主要的落地手段，可以全方位、集中地体现企业文化，关键点在于专门设计透析文化的环节。

人们了解企业文化一般都是从各种文化标语开始的，单纯的标语是无法深入人心的。企业文化背后凝结着丰富的文化内涵，包括企业创立的初心、企业创造的社会价值，传递的是企业的高度、宽度和深度，这些都需要系统的诠释才能让大家充分深刻理解和认同。

2. 表彰

表彰是表扬并嘉奖具备公司倡导行为或素养的团队成员。表彰辛勤付出的人，就是弘扬努力奉献的文化；表彰能力进步的人，就是弘扬成长文化。

当然，在组织领域，很多企业都会着重表彰业绩最高的人，虽然表彰业绩宣导的是金钱文化，但毕竟业绩是每个企业的生存根本。

人性的特点是希望得到表扬，因此越表扬什么优点，人们就越会向企业所希望的方向努力，逐渐就成为了这样的人，企业文化自然也就得到落地。

3. 规则

企业规则是企业经营中规定出来供大家共同遵守的制度或章程，直接告诉人们哪些事能做，哪些事不能做。具有行政效力，具有一定的强制性。

企业规则是企业文化对团队成员行为规范的具体落地手段。

每个企业都会针对经营中的业务和人员管理制定很多规章制度，没有规则就没有行为边界。严格执行规则是对企业文化的基本保证。

4. 故事

故事主要包括公司、领导人和榜样的故事。生动形象的故事能让公司文化传播变得简单快捷，通常人们不喜欢听道理，但都喜欢听故事。

在组织营销领域，公司应有意识地去收集故事素材并加以提炼传播，可以有效地帮助企业和领导人塑造形象，传播企业文化。

5. 视觉系

视觉系主要指设计企业视觉识别系统中的内容，如企业 LOGO、标准色彩、吉祥物等，可以应用在办公用品、建筑环境、服装服饰、产品包装等企业经营场景中。

视觉系是企业区别于其他企业最显著的标志，各种丰富的色彩造型都体现了企业形象和精神。

6. 听觉系

听觉系主要包含企业歌曲、口号、回应和问好等。团队一起传唱歌曲、呐喊口号的过程，能产生强大的团队磁场氛围，从而凝聚人心。

在组织营销领域，一般大型企业都会根据企业文化定制专属的歌曲，朗朗上口的歌曲能更直入人心。统一问好、回应和口号则是每个企业必不可少的，不管是各种会议还是活动，固定的动作和声音不仅增加了团队庄重感，其内容更是在不断地提醒团队成员，弘扬公司文化。

四、文化的冲突与兼容

文化冲突是指两种或者两种以上的文化相互接触产生竞争和对抗状态，由这种抵触或对立状态所感受到的一种压力或者冲突。

组织行为学把冲突分为广义和狭义两种。广义的冲突包括积极、消极两种冲突，狭义的冲突是指消极的冲突。大多数学者所探讨的是狭义的文化冲突，是指不同形态的企业文化或文化要素之间相互抵触和相互排斥的过程，它集中表现在人们对问题的分析角度、思维模型和评判标准的差异上。

文化具有排他性和兼容性。企业文化带有明显的区隔，企业和业务团队之间应该统一口号、标语，如果区隔又多又明显，反而不利于企业的融合。

也有一些平台企业为了满足团队长内心的一种空间感和成就感，允

许或支持各业务团队拥有自己的番号，甚至有自己的口号或其他文化符号。这样会导致各个系统团队之间的分离疏远，甚至导致冲突。因此，这样的管理思维需要把握适当的时机，市场比较弱小的时候不能分割，不然会导致整个团队人气和磁场下降；当然，如果各个市场团队的规模已经很大了，不分开也是不合适的，分开以后可以给大家更大的发挥空间，自然公司也就顺势做大了。

某些市场规模还不够大的平台公司，也会因为某些不得已的原因同意市场团队拥有自己的番号或者其他文化符号的空间，但即便是这样，也需要要求其命名必须兼容公司的文化，或者通过序号及地域等中性命名弱化区隔，让企业更凝聚统一。

案例

电影《刮痧》讲述了一个美籍华人在美生活中遇到的困扰。影片男主人公的儿子感冒，恰逢爷爷来美探望，于是爷爷使用了一种古老的治疗方法——刮痧，来治疗孙子的病。而这被美国人认为是不符合儿童保护法的，于是福利院的人员将孩子强行抱走，剥夺了其父母的抚养权。这是典型的不同的文化而导致的冲突。

小结

组织营销是靠团队规模取胜的商业模式，而企业文化是整个市场团队的魂，缺了这个魂团队就会是一盘散沙。思想管理是为了主动出击，让企业文化能够有计划地、科学地快速渗透进每个成员的思想，才能统一思想，统一行动，减少内耗，提升效率。

第三章

建立稳固的组织结构

小型市场靠个人，中型市场靠团队，
大型市场靠磁场

一、认知组织结构

任何一个组织都是由一个个的独立个体组成的。如果没有一个共同的约定的框架，对众多的独立个体在这个特定的社会群体中的相互关系和地位作用明确地做出界定，这个组织也就不能称为组织，只能是一种随聚随散的社会群体，是没有共同的目标、人员行为无法协调的乌合之众。在组织营销领域里，建立一个相对稳定的组织结构是一个必修的课题。

（一）什么是组织结构

组织结构是指为了实现组织的目标，对于工作任务进行分工、分组和协调合作，经组织设计形成的组织内部各部门、各层次之间固定的排列方式，即搭建班子共同实现商业模式（图 3－1）。

一般组织营销企业的组织结构

组织结构是一个组织是否实现内部高效运转、能否取得良好绩效的先决条件。

在组织营销领域，“组织”主要是指由市场团队成员组成的、具有协作分工功能的团体。

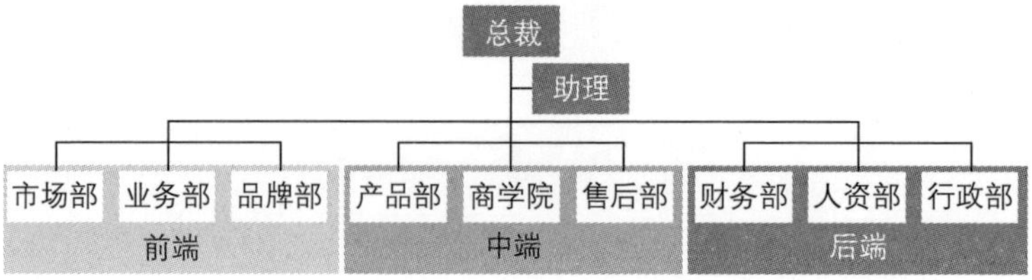

图3-1 一般组织营销企业的组织结构

（二）组织建设对组织营销的意义

在二十多年一直专注做组织营销教育培训的过程中，我们发现了一个规律：绝大多数业绩稳步持续增长并能健康良性发展的公司，其市场团队一定具备完善的组织结构。组织营销不同于传统的销售模式，这里有单兵作战，但更多的是团队配合，更重要的是靠磁场和氛围。所以组织结构在组织营销过程中有着重要的意义。

1. 提升个人及组织的工作效率

不论线上和线下，一对一的销售与服务都很重要，是业绩产生的根本，因此需要提升单兵作战的能力；而组织营销更多的是需要小组配合销售，不论是ABC配合还是沙龙会运作，这些活动都需要多人扮演不同角色进行配合，就像人手的五根手指头一样发挥各自的作用，这些都需要有效的组织建设对个体及小组提供足够的能量支持。

所谓“言传不如身教，身教不如境教”。有效的组织建设，有助于打造积极、有凝聚力的团队环境，为整个团队的氛围和磁场奠定坚实的基础。

2. 降低市场运作成本

组织营销的团队也叫“人际网络”，就好像使用渔网一样“纲举目张”。“纲”是指渔网上的主绳，只要理清并抓住纲，用力撒出去就能张开渔网的“目”，就能高效工作。同样地，市场领导人及他的一级核心团队和二级核心团队就是这张人际网络的纲，这群人在整个组织中大约占比20%左右，虽然人不多，但能起到至关重要的作用。因此在组织建设的工作中，需要花80%的时间来培养和凝聚这群人，这才是组织建设的核心工作。

高效的组织建设能大大降低运作成本。一是降低因为工作程序混乱而带来的时间成本和精力成本，二是可以减少不必要的团队内耗，降低沟通成本。

3. 集中力量完成大目标

组织营销需要规模效应，才能实现企业的社会价值最大化、个人价值最大化。有序的组织建设可以将所有力量汇聚起来，完成更大的目标。

首先，市场上有各种各样的人才，他们都有某一方面的特长，但同时也会有某一方面的短板，如果大家各自为政，难以取得更大的成果，但如果能有机地组织起来，就可以相互取长补短，集中力量。例如，一场大型的招商会就是各种类型的人才的互补性工作。

同时，组织营销是靠磁场和氛围来推动的模式，个人的力量固然重要，但在整个磁场和氛围面前还是显得微乎其微。因此，有品质的组织建设是行业的必做功课。

案例

格力董事长董明珠在2020年6月开展了8场线上直播销售，完成了341亿的销售额，远远超过整个公司一个季度的营收。真的是直播带货这么厉害吗？后来董明珠坦诚分享，这不是我个人讲得有多好，重要还是线下各地的经销商系统组织得好，及时地将有需求的顾客组织了起来，没有他们，我不可能完成这个销售业绩。所以，还是组织工作在起作用。

二、组织结构的关系链接形式

在组织营销过程中，团队成员的关系从沟通互动的紧密度来讲，可以相对分为强链接关系和弱链接关系。两种链接相互呼应，在团队建设中各自起到了不同的作用。

（一）强链接与弱链接

1. 什么是强链接

强链接关系通常代表着行动者彼此之间具有高度的互动，在某些存在的互动关系形态上较亲密，因此透过强链接所产生的讯息通常是重复的，容易自成一个封闭的系统。比如夫妻关系、工作搭档、事业伙伴、合作客户等，在生活和工作中互动的频率很高，都是强链接关系（图3－2）。

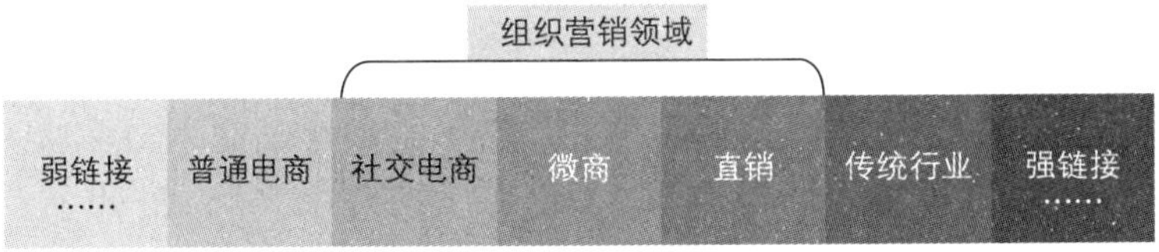

图3－2　组织营销领域的链接关系

2. 强链接的优点和缺点

在组织营销领域中，强链接关系多数存在于领导人与核心领袖之间。通过这种链接关系，很容易让企业或团队的管理意愿、企业文化、战略规划等得到团队伙伴的认可，形成统一的人生观、价值观、世界观，更便于企业或团队的统一管理，凝聚性和战斗力更强。

这种链接关系也存在缺点。由于高度的互动频率通常会强化原本的认知观点而降低了与其他观点的融合，团队伙伴很容易形成固化思维模式，对工作、业务的创新就越加困难（对于组织营销来讲不太重要）。维护这种链接关系需要付出较长的时间和物质成本，所以这种链接关系传播速度较慢（对于组织营销来讲影响很大）。

3. 什么是弱链接

相对于强链接关系，弱链接比较能够在不同的团体间传递非重复性的讯息，使得网络中的成员能够增加修正原先观点的机会。比如，同学、亲友。

4. 弱链接的优点与缺点

弱链接关系是一种非互惠性或回报性的互动行为，在组织营销领域中多存在于隔代的团队伙伴关系中，或与旁部门的链接关系中，优点在于维护成本很低，而且传播速度很快。比如你想找份工作，那这个信息多数都是与你不太亲近的人偶尔提到的机会。某人想出名，他的事迹一定不是在他关系最紧密的几个人之间传播，一定是利用网络或很多不熟知的人的相互宣传，可能一夜就有了万千的粉丝了。现在的直播带货、抖音与快手的大V与粉丝都是这种链接关系。

这种链接关系的缺点就是难以做到思想统一，不便于企业或团队管理（图3-3）。

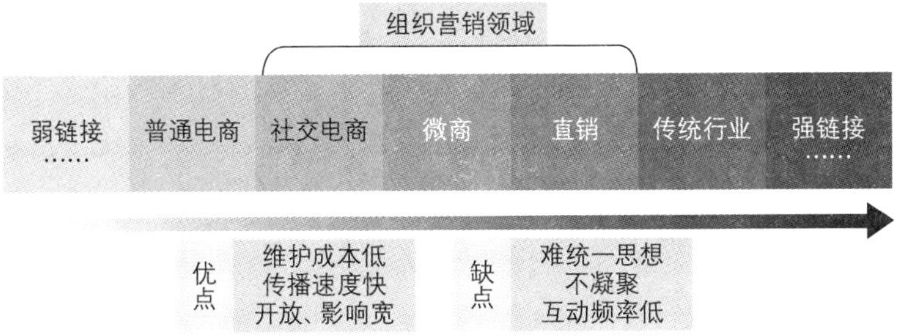

图3－3　弱链接的优缺点

（二）强弱链接的界定标准

强弱链接关系没有一个绝对的界定标准，是相对而言的。我们通常会通过团队成员之间的互动的频率高低、情感的强弱、关系的亲疏、互惠行为的内涵判断彼此之间的链接关系的属性（图3－4）。

在团队中领导人与核心人员工作互动频率高，经常在一起开会、组织活动，有共同的目标，这种链接就属于强链接关系。

相对而言，领导人和普通的团队伙伴交流不多，关系也没有那么亲密，所以这种链接就属于弱连接关系。在组织营销过程中，线下的部分就属于强链接关系，线上属于弱连接关系；直销在组织营销过程中互动活动频繁，彼此之间的关系亲密，互惠的行为也较多，属于强链接的关系；微商注重线上的交流，少了团队实质性的互动，这种关系属于弱链接关系。

组织结构的关系链接形式中，链接越强，成本越高，组织越稳定。

在组织营销中，链接的强弱度并没有对错，各有优劣，各平台公司根据自身的产品特点、商业模式、业务模式来设计界定。

但一般来说，强链接的关系形式更有利于团队的稳固性，更便于统一管理，更容易使团队成员达成统一的价值观、人生观、世界观，对团队的良性发展起到至关重要的作用。但是在维护强链接关系的过程中，无论是时间成本还是物质成本都大大增加，关系链接越长，成本越高。

图 3－4　强链接与弱链接的区别

（三）最佳模式：低成本强链接

如何用低成本实现强链接，是各个平台及系统的实际功课。在实际工作中，我们发现是有很多方法可以协助实现低成本强链接的。

方法一：实现线上链接与线下链接有机结合

1. 利用线下链接的深度来弥补线上链接强度的不足。大多数微商或社交电商都是以线上销售互动为主，虽然运作成本低，但因为链接不足，市场团队极其不稳定，所以市场不断地分裂重组，公司则不断地生生灭灭。

部分微商和社交电商平台企业因为创始团队有直销经营的背景，了解直销的优势和短板，因此在市场运作中有效地借鉴了直销的线下优势——线下培训和线下会议，从而取得了很好的成果。

由此可见，以线上运作为主的组织营销企业，必定离不开线下的培训和会议。

2. 利用线上链接的低成本来拉低线下的高成本。

方法二：提升每次线下链接的有效率

线下链接一般采取会议或培训的形式进行。需要有意识地提升线下链接的专业度，让每次的链接物超所值（在后面的章节有如何提高会议和培训品质的内容）。因为每一次线下链接都会有很高的成本产生，参会的成员也会有很高的心理期待，如果落差太大，会打击或降低团队成员参会的积极性。线下链接需要从“感受”“成长”“成果”三个方面下功夫。

“感受”是指让参会成员从出发前开始到离开会场回家为止的整个过程的体验与感受是温暖、信任、关怀。

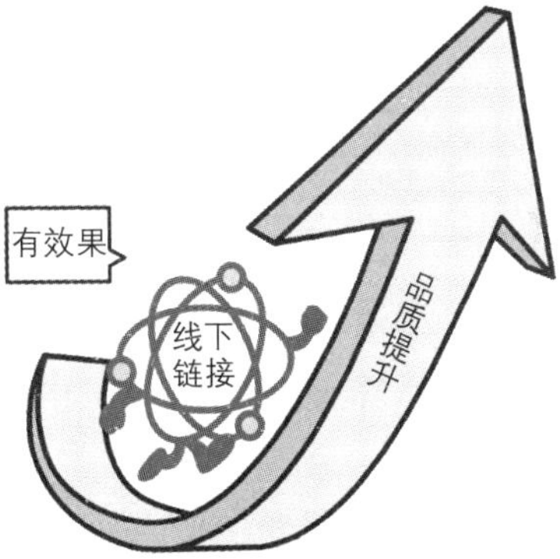

“成长”是指参会的成员能够在观念、心态、能力等方面得到提升，或者眼界更宽，或者能力更强。

“成果”是指让来参会的成员能因为参会而提升“目标计划行动”，进而提升业绩。

三、组织结构的魂—咨询线

销售人员在销售或服务市场的过程中，总是会遇到各种疑问，有些是自己不明白的，有些是客户团队的提问无法解答的。这个时候，向谁问就非常关键了，如果所问非人，很有可能会影响到这个成员，甚至有可能影响到整个团队。所以作为创始人，不得不重视咨询线的建设与规范—市场需要一个正确、完整的咨询线。

（一）什么是咨询线

提供咨询和培训的领导人组成了咨询线（图 3 –5），咨询线是事业成功的生命线，就如同父亲养育了儿子，儿子又养育了孙子……所有家族的家风和文化习惯都沿着这条线往下传递。又例如，学校里教我们知识的老师就是我们的咨询线，遇到不懂的问题我们就会去问老师。

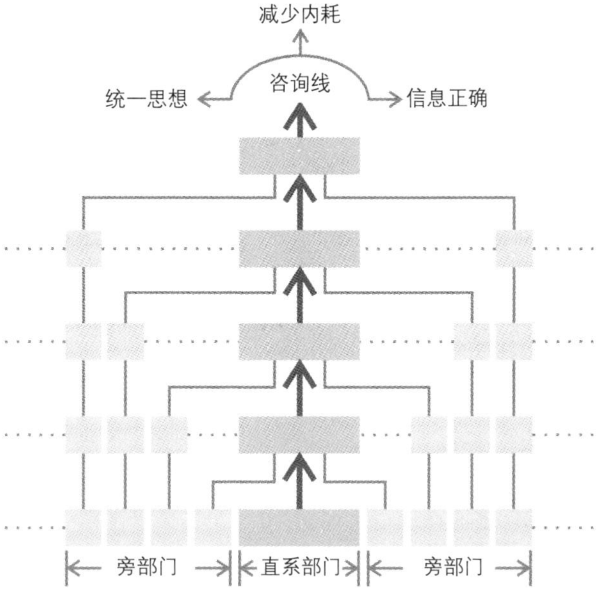

图3-5　咨询线

（二）咨询线在组织结构中的重要性

1. 完善的咨询线可以保证所传递信息的正确性，这样信息才可溯源。

2. 完善的咨询线更能统一团队的思想，团队更稳定。

3. 完善的咨询线可以减少团队的内耗，减少团队成员之间的矛盾，提高工作效率。

（三）咨询原则

咨询线的建立遵循以下五个原则，可以避免许多不必要的误会而产生内耗，也可以避免许多外部的负面或歧义影响“军心”。

1. 永远向上咨询

直接向所属的上一级领导咨询，如果直属领导不能回答，则由直属领导向上咨询后再回答。这是所有咨询原则中最重要的一条。

如果直属领导没有继续从事该事业，有了问题可以向负责事业辅导的领导直接咨询。切忌胡乱咨询，歪曲的、不清晰的、消极的信息极容易打消团队成员的积极性。

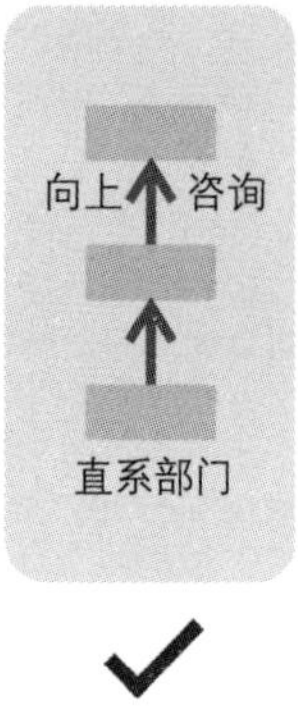

2. 不交叉咨询

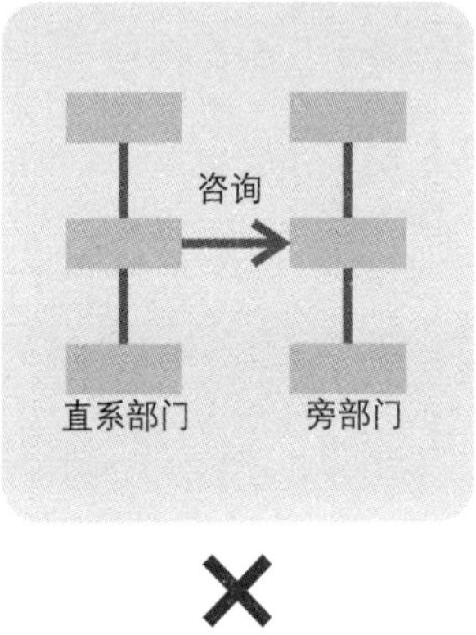

不向旁部门其他团队成员咨询。这种咨询方式很容易引起团队之间的摩擦，进而发生矛盾，影响团队之间的协作关系，造成团队的内耗。

3. 不向外咨询

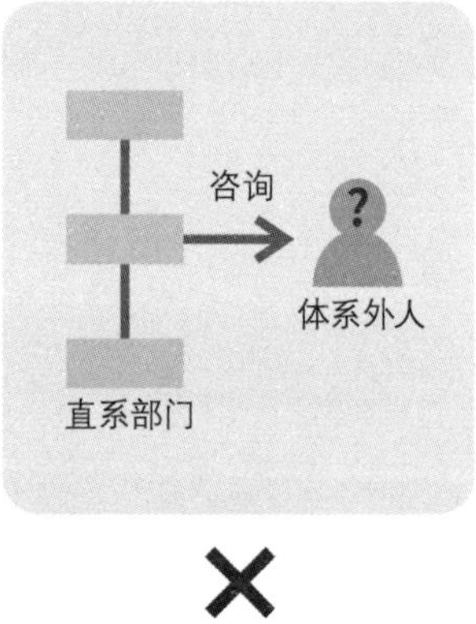

不向事业体系之外的人咨询。所谓“相信专业”，体系外的人不论社会地位有多高、能力有多强、事业多成功，他都不了解我们的专业，向他们咨询等于问道于盲，所得到的的建议无从辨别，一概不可采纳。

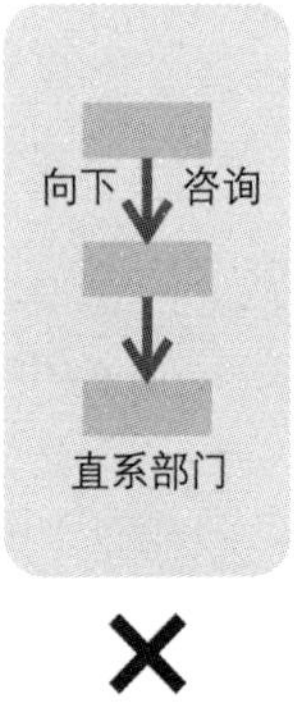

4. 不向下咨询

不向下咨询是指不向自己的下级团队伙伴咨询。“跟上轻飘飘，跟下乱糟糟”，向下咨询只能增添混乱。有些新进的成员思想没有统一，也没有完全融入，所以会有很多自以为是的见解，貌似很有道理，但都是在对我们的事业没有深入了解下产生的。可以礼貌地听一听，关键是引导对方融入团队、深入学习了解。

5. 越级咨询、提前报备

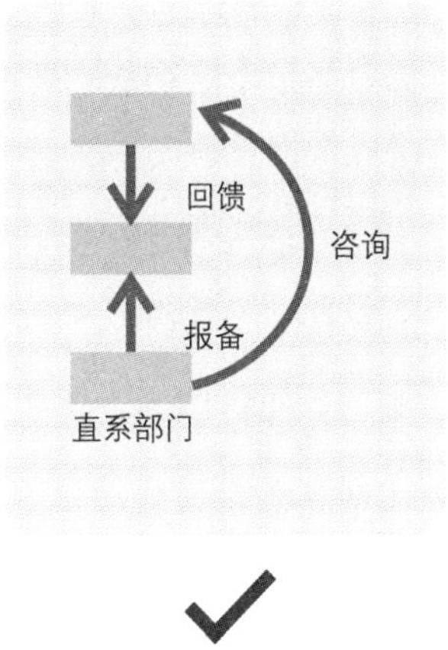

在组织营销领域，一般不越级咨询。但有时直属上级联系不上，或直属上级也是新手，或其他必须要越级咨询的情况会发生，这样最好在咨询前，下属跟上级报备，或咨询后向上级汇报；被咨询的领导也需要与下级反馈被越级的咨询情况，以避免因误会而产生内耗。

（四）如何建设与维护咨询线

建设与维护咨询线必须根据“咨询的五个原则”来进行，在具体的工作中需要从三个层面来展开。

1. 创始人层面

创始人或创始团队需要充分认识到咨询线的价值和重要性，从意识上树立“咨询线就是生命线”的观念。

2. 新人层面

在新人培训中加入“遇到问题要问谁”的内容，来讲解咨询原则，让新人从一开始就建立咨询意识和遵循咨询原则。

咨询线 = 生命线

3. 骨干层面

在骨干及领导人培训中，在如何带新人的环节或团队关系处理的环节讲清楚咨询原则，重点讲解越级咨询的规则。

四、组织结构的管理模式

组织营销模式因其团队庞大、层级过多、成员结构复杂以及较为松散等特点，管理难度很大。而且，如果管理失控会出现团队分裂、人员流失、负面口碑甚至是外部事件，因此，如何管理是很多平台创始团队的头号难题。

在经历了近一百年的探索和总结后，组织营销模式已经找到了有效的解决之道，虽然随着移动互联网等新型工具的出现，原有的管理模式会有不太适应的地方，但新的模式也随之出现，本章将从市场、行政、团队长等三个角度着重讨论当下适用的管理模式。

（一）可复制的基本管理模式——市场角度

组织营销的特点是将消费者转化为经营者，经营者再从业务员——管理者——领导者，整个转化过程会淘汰部分成员，剩余的都是在平台上成长成功的成员，必须要学会管理工作。大多数人在之前并没有从事过组织管理的经验，所以，平台有必要为之提供简单有效、能掌握、能复制的管理模式。

例如，耶格系统的“642 管理模式”是一个成功的模式，也是我们可以借鉴的模式。

耶格先生结合商业模式、分配机制、业务模式等特点，为整个市场管理骨干制定了可复制的“642 管理模式”。

1. 其中的“6”即每位管理者从自己的每个直管团队中选出一位直接培养的对象，一共选 6 个团队，虽然自己的直管团队可能超过 6 个，但也只选 6 个（图 3－6）。

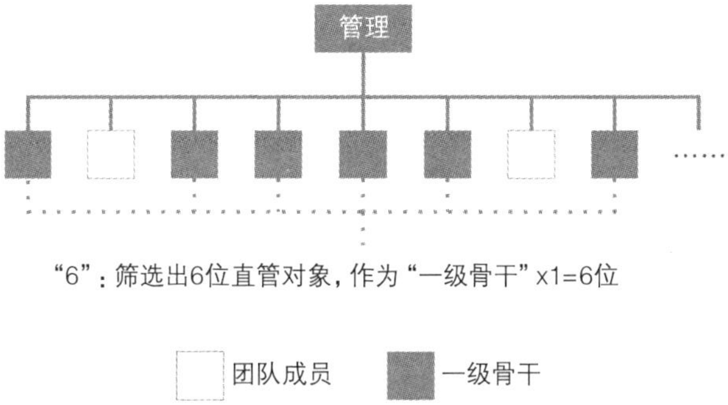

图 3－6　“642”管理模式中的“6”

这是在遵循一定的科学论证：一个管理者能同时管好的直接部门最多 6 个，超过了 6 个将难以管好。这里说的不只是管理，更重要的是管好，包括了解。也就是说，需要每天花时间与精力与这 6 个人进行强链接。关注的内容包括以下五方面（图 3－7）。

图 3－7　管理者需要重点关注的内容

（1）每个人的能力特点——适合或擅长什么工作

组织营销领域的人才一般分为“演讲型”“业务型”“服务型”

“领袖型”“综合性”五类，演讲型人才多数适合担当市场的讲师或主持的角色，业务型人才适合市场开拓和招商成交的工作，服务型人才适合做领导的助手或会议管理等工作，领袖型人才则适合做组织策划发号施令的工作，综合性人才能胜任的角色的选择面更多一些。

市场领导者需要对自己团队的一级核心成员进行认真的观察和分析。这个工作并不难，工作量也不大，根据每个人的特点有针对性地委以重任。

（2）每个人的工作意愿——信念是否百分百建立

意愿百分百。一个人做件事的能力、结果等，其实往往都是取决于一个人对这件事的意愿度。意愿度需要信念作为支撑，组织营销领域的市场营销人员需要从六个方面建立坚定的信念（见本书其他章节）。市场领导者需要经常关注核心人员的信念是否有动摇，需要随时强化稳固。

（3）每个人的技能水平——哪些能力还需要提升

对于每一个组织营销的市场人员来说，随着市场团队的壮大，对他的技能要求也是不一样的，从最初的分享、销售等业务能力，慢慢到具有辅导、带团队等管理能力，再到组织核心会、凝聚核心等组织能力。作为市场领导者，需要关注和支持核心成员的成长。

（4）每个人的生活状况——家庭孩子收入都会影响工作

在组织营销领域，有经验的市场领导者都会非常关心核心人员的生活状况：收入状况、家庭和谐度、家人健康、孩子情况等，能在核心人员需要协助的时候出面帮助。

（5）每个人的性格特点——了解才有理解，减少误解

参加过一些性格培训或看过一些关于性格的书籍的市场领导都知道，性格有不同的分类方式，有九型人格分类法，有性格色彩分类法，还有完美型、力量型等分类法。但不管怎样分类，都是为了让我们了解

到“人与人是不同的”，让我们学会理解别人的不同，因为有理解自然就减少了彼此间的误解。

每个人都有自己的性格，性格是与生俱来的，是难以改变的。所以，优秀的市场领导者不指望他的核心骨干能变成他想要的样子，相反，他会去了解并接受核心骨干的性格特点，减少内耗和谐相处。

2. 其中的“4”按照复制的原理，自己的6个管理对象也会分别选择6个直管对象，这样就有36位二级骨干需要管理，但这样的规模很难管理。按照逐代衰减的原理，我们只从每位直管骨干的团队选择4位骨干来协管，这样就一共协管了24位二级骨干，每周与这24位骨干互动一次，关注他们的成长与信念（图3－8）。

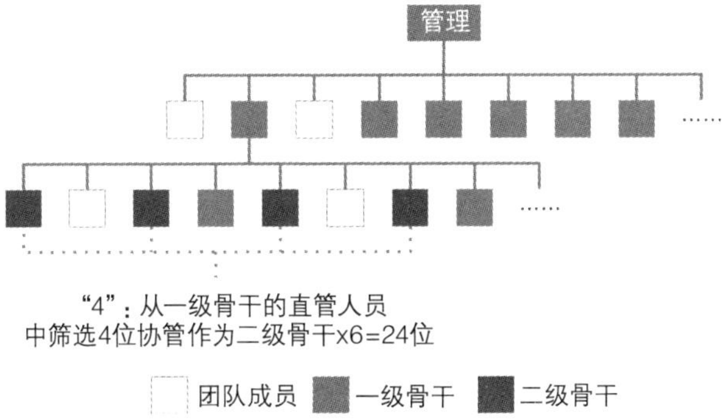

图3－8　“642”管理模式中的“4”

3. 同理，“2”是指从24位二级骨干的6位直管骨干中分别选择2位进行协管。在线下聚会中关注他们，在招商会中可以观察他们，到各个市场辅导时可以与之见面交流（图3－9）。

“642”是一个管理模型，并不是每个管理者都能完全建设成型，但大家有了科学的参照标准，也就是有了目标，并且知道了与这些骨干互动的方式，其价值非常巨大，不懂管理的成员得到了这样的工作模板后会大大地提升工作效率，产生强大的信心。

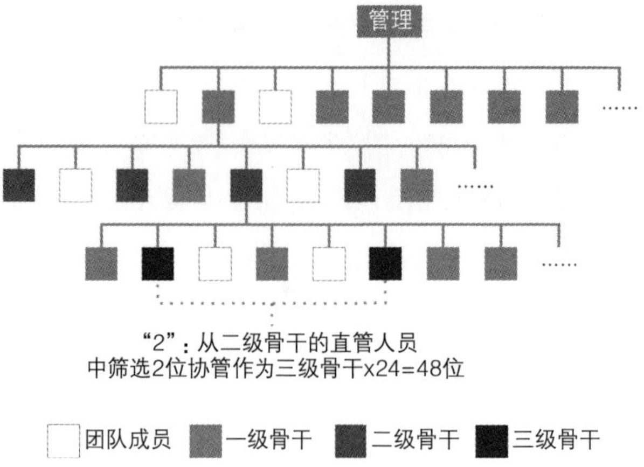
管理
……
……
……
“2”：从二级骨干的直管人员
中筛选2位协管作为三级骨干x24=48位
团队成员
一级骨干
二级骨干
三级骨干

图 3－9 “642”管理模式中的“2”

当然，“642 管理模式”是多年前的管理模式，现代的组织营销平台有更多，我们也可以不必采用“642 模式”，而是根据自身的特色，设计出符合我们的管理模式。

特别说明 1

管理模式
1.简单能大量复制
2.普通人能掌握
这么简单
我也会

好的管理模式必须要具备两个原则：一是简单、能大量复制，二是普通人也能掌握。毕竟参与组织营销的大多数都是普通人，如果太难太高深，大多数人是无法掌握运用的。

例如，市场上大家使用最多的方法是“ABC 法则”。在每一个新成员加入时，我们都会告诉其学会借力，需要用 ABC 法则，也会告诉对方 ABC 法则的使用原理、流程和推崇配合等业务动作。

但我们发现，虽然经过了培训，但市场上还是有很多人员不愿意用这样的方法，而愿意用自己认为正确的方法，结果无一例外，都是走了大大的弯路。因为这些新成员的方法在他自己使用起来是有效的，例如请客的方式、命令的方式等，这种方式与他过去的积累有关，但他开发的其他成员用起来却是适得其反，因为他们不具备与他同样的积累，所以这样的复制反而把大家带歪了。那为什么市场的新成员不愿意用这样的方法呢?

究其原因，主要是市场讲师在培训的时候，没有讲清楚“简单能大量复制”和“普通人也能掌握”，这两个必要的原则。

其实，不只是管理模式，包括市场需要的业务流程、业务技能，等等，都需要符合这两个原则。

特别说明 2

在对市场团队的管理中需要遵循一个基本原则：扶强不忘弱。即帮助团队中的强者而不是弱者。这是比较容易产生歧义的地方，因为一般人的理念都是帮助弱者，这样做的原因有以下几个。

（1）帮助强者才能让所付出的时间、金钱、精力、资源，最快速地体现出价值最大化，毕竟自己的成功最重要，因为只有自己成功了才具备说服力，才能影响到更多人愿意追随。

（2）这里的强弱指的不是能力资源等，而是看谁愿意百分百投入、谁在出结果、谁在学习和配合，这样的人是值得帮的。就像当一个人愿意往上跳的时候，你只要轻轻一推他就跳起来了，如果他不愿跳，你使再大的劲儿也没用。用行业话讲叫“帮值得帮的人，而不是需要帮的人”，因为需要帮的人太多了，我们帮不过来。

（3）这样的好处是：当不投入的人看到别人拿到结果后，也愿意投入进来了，这个时候他就由弱者变成了强者。这样可以带动整个团队积极向上。

（二）扁平化管理模式——行政角度

1. 什么是扁平化管理模式

是指通过减少管理层次、压缩职能部门和机构，使企业的决策层和操作层之间的管理层级尽可能地减少，以便使企业快速地将决策权延至营销的最前线，从而为提高企业效率而建立富有弹性的新型管理模式。

组织营销的团队特点是天然层级过多，导致信息在传递过程中的失真且传递很慢。因而在后来的进化中，一些创始团队吸纳了传统管理的某些优点，创立了适合组织营销的扁平化管理模式，使团队管理具备了一定的行政功能，从而使平台也因此而受益。

这样的管理模式也叫“业务线”建设，就是通过扁平化的管理，平台公司将对业务的管理简单直接地抓到基层（图 3－10）。

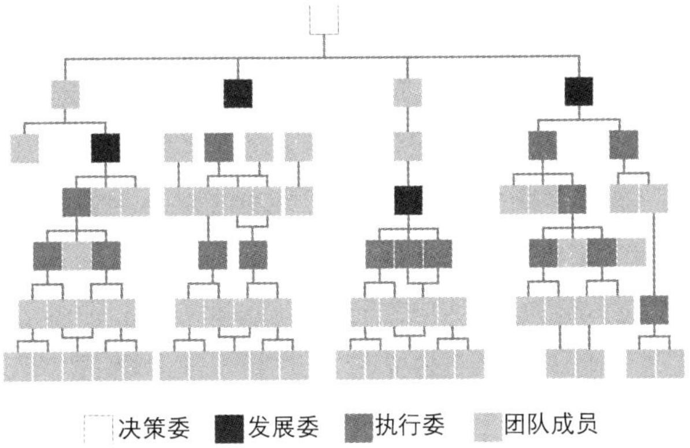

图 3－10　扁平化合理模式

2. 扁平化管理的优点和缺点

优点

1.信息传递速度快、失真少
2.便于高层领导了解基层情况
3.有利于解决较复杂的问题
4.上级更乐于让下级享有更充分的职权

缺点

1.管理幅度大，难以对下级进行深入管理
2.对主管人员素质要求高，幅度越大，要求就更严格、更全面
3.协调难度和统一意见更加困难
4.新进骨干晋升困难

3. 扁平化管理的重点工作

扁平化管理有优点，也有难以掌控的缺点。在组织营销领域的很多平台都采用了扁平化管理的模式，但大多数因为对其精髓把握不够，往往做成了徒有其表的形式主义。

只有掌握其中管理的重点和难点，并能够把管理重点层层复制，才能够发挥出扁平化管理的优势。

扁平化管理的重点包括：选拔核心骨干成员，充分执行核心会制度，建立层层核心梯队。

（1）核心的选择标准

很多团队领导者在选择核心时，往往标准不清晰或者太粗暴。有些任人唯亲，有些只看业绩或级别，有些凭感受挑选，有些标准太高选不出来。以下四个标准是相对科学的标准。

· 有高度、有远见。能理解和配合公司战略，以使命为毕生一件事。

· 有格局、有胸怀。能帮助其他部门，站在公司高度看待市场。

· 有定力、有忠诚度。面对困难不动摇，面对诱惑守得住。

· 有结果、有团队。拿到了成功的事实，自然有市场一线的经验。

（2）如何开好核心会

A. 核心会的价值

核心会在组织建设中至关重要，是组织营销所有会议中最重要的会议。开好了能提升领导者的权威、凝聚人心，如果没开好则恰好相反。主要来讲，核心会具备以下的重要价值（图 3 – 11）。

B. 核心会的流程（参考）

很多团队的核心会没有固定的流程，也缺少必有的仪式感，这是因为不了解核心会的重要性，也有不知道要如何召开，多久召开一次的情况。

不同层级的核心会召开频率并不相同，公司层级可以每季度一次，团队可以每月一次（月例会），如果团队规模很大，还可以酌情再增加一层会议，但不宜层级太多，否则会陷入形式主义中。

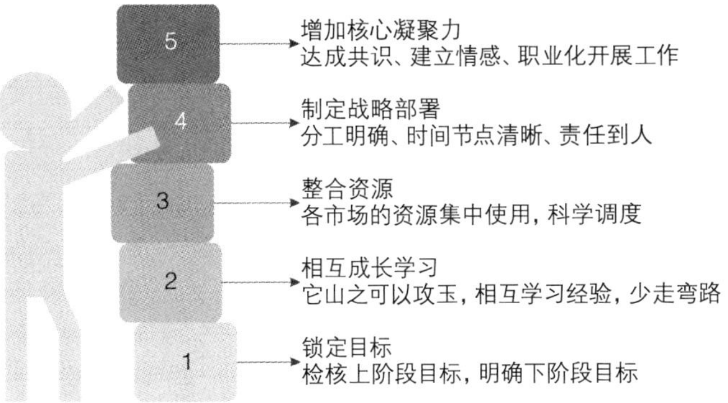

增加核心凝聚力
达成共识、建立情感、职业化开展工作

制定战略部署
分工明确、时间节点清晰、责任到人

各市场的资源集中使用，科学调度

相互成长学习
它山之可以攻玉，相互学习经验，少走弯路

检核上阶段目标，明确下阶段目标

图3－11　核心会的价值

以下是经多次检验有效的核心会流程，仅供参考。可以根据自己团队的情况作出适当的调整（图3－12）。

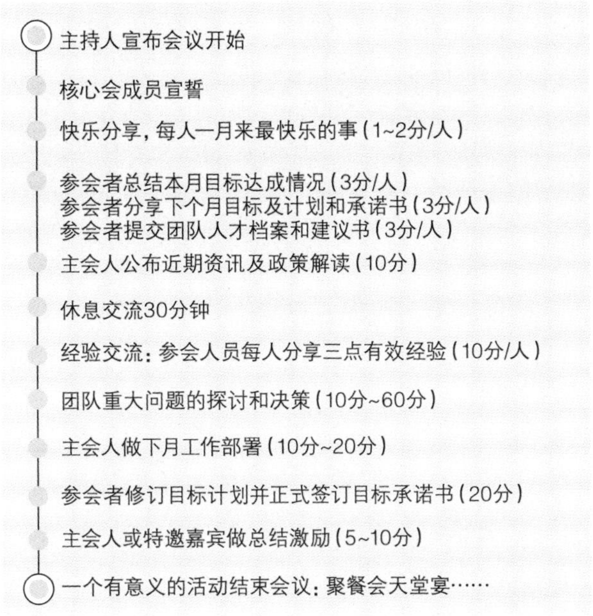

主持人宣布会议开始
核心会成员宣誓
快乐分享，每人一月来最快乐的事（1~2分/人）
参会者总结本月目标达成情况（3分/人）
参会者分享下个月目标及计划和承诺书（3分/人）
参会者提交团队人才档案和建议书（3分/人）
主会人公布近期资讯及政策解读（10分）
休息交流30分钟
经验交流：参会人员每人分享三点有效经验（10分/人）
团队重大问题的探讨和决策（10分~60分）
主会人做下月工作部署（10分~20分）
参会者修订目标计划并正式签订目标承诺书（20分）
主会人或特邀嘉宾做总结激励（5~10分）
一个有意义的活动结束会议：聚餐会天堂宴……

图3－12　核心会流程

C. 核心会制度

很多市场领导者喜欢用个人魅力来影响团队，这很好，但更需要借助理性的规范的职业化方式来作为工作的框架。保证核心会品质，首先是制定核心会制度，用制度和流程保证结果比靠个人魅力更加科学。严格的制度让核心会更有威仪感，让参会者更重视和配合（图 3－13）。

图 3－13　核心会制度

① 书面总结：参会人员提前两天将下月目标计划用书面或电子文档的方式传给主会者并保证对方收到，会议当天参会者带一份书面材料到会，晚交乐捐 N 元，未交乐捐 N 元，未带书面材料乐捐 N 元。

② 列席制度：每位参会人员可带一位团队成员参与列席，但列席者没有发言权。

③ 作息制度：定时定点，提前提醒。迟到一次乐捐 N 元；缺席一次乐捐 N 元，下次会议降为列席；缺席两次取消参会资格。

④ 承诺兑现：每次核心会核检成员上个月目标达成情况，兑现承诺。

⑤ 表决制度：团队发展的重大决定须由核心会成员表决时，用举手表决的形式进行，按少数服从多数的原则取得决议。决议一旦形成，成员须无条件遵守。

D. 核心会品质保证

核心会的品质决定了领导人的工作品质，决定了领导人是否有权威，所以保证品质才是工作的重点，而不仅仅是按部就班地开完会了事。除了会议制定以外，核心会的品质保证还需要会前充分的策划准备、会议中的有效控场、会后的落地实施和检查（图3－14）。

如果核心会开得很成功，参会成员的感觉很好、收获很大、回到市场有结果，人们自然下次还会来，否则大家就不来了。

其中，最重要的还是会前准备。会前准备对核心会的品质影响占了80%。核心会的会前准备最重要的是需要按照流程逐条准备，绝对不能掉以轻心。例如核心成员宣誓的环节，我们要考虑是站着还是坐着宣誓，是手握拳头还是手抚心口宣誓、誓词是打印人手一份还是印刷成横幅……一个细节都会影响会议品质。

作为市场领导者，在这里花点功夫还是值得的。

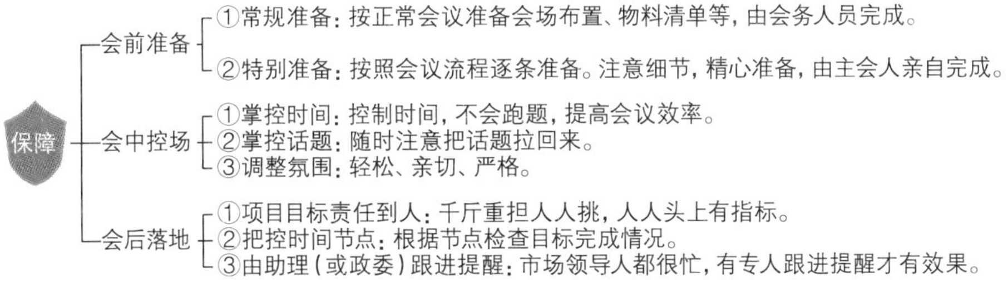

保障
会前准备
①常规准备：按正常会议准备会场布置、物料清单等，由会务人员完成。
②特别准备：按照会议流程逐条准备。注意细节，精心准备，由主会人亲自完成。
会中控场
①掌控时间：控制时间，不会跑题，提高会议效率。
②掌控话题：随时注意把话题拉回来。
③调整氛围：轻松、亲切、严格。
会后落地
①项目目标责任到人：千斤重担人人挑，人人头上有指标。
②把控时间节点：根据节点检查目标完成情况。
③由助理（或政委）跟进提醒：市场领导人都很忙，有专人跟进提醒才有效果。

图3－14　核心会的品质保证

4. 如何建立层层核心梯队

物尽其用，人尽其能。建立层层核心梯队不仅可以有效提升团队效能，也是人才晋升的重要通道。

在组织营销的运作模式中，往往先进来的骨干掌握了话语权，市场团队在发展过程中，每天都有很多人才进来，如果人才的晋升通路没有建立起来，后进的骨干人才就极有可能流失。如何让团队永远保持活力，达成良性合作和竞争，建立科学的管理团队显得尤为重要。

案例

深圳某系统领导者在学习了核心会议之后，组建了稳定的核心，定期召开核心会议，坚持了5年时间。期间团队虽然很稳定，但一直没有做大，5年后再次来学习，才发现5年来一直是由当初的几个人组成核心，难道5年来市场上没有一个能与他们比肩的人才吗？显然是这支队伍的人才梯队没有建起来，人才通路没有打开。

采取扁平化的方式管理团队是一个较为科学的方式。在市场团队中建立扁平化的管理队伍，一般建设三层（如果市场规模太小，也没有必要勉强）：决策层、发展层、执行层。每层管理队伍的定位与功能各不相同，大致如下所示（图3－15）。

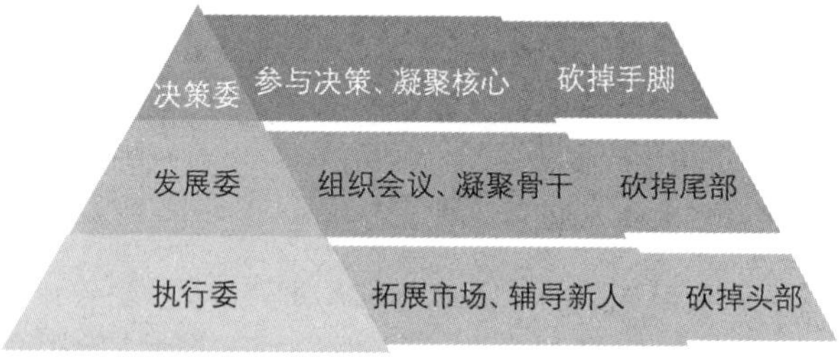

图3－15　扁平化的管理团队建议

决策委是团队的领头羊，工作职能是“砍掉手脚”，不做具体的事务性工作，把工作重心放在参与经营决策、凝聚团队核心上；发展委是团队上传下达的桥梁，工作职能是“砍掉尾部”，拒绝纸上谈兵，积极配合和协调市场，职责是组织会议，凝聚团队骨干；执行委是团队具体工作的落地实施者，工作职能是“砍掉头部”，简单听话照做，职责是拓展市场和辅导新人。

在团队具体的工作中，常常出现以下几种问题。

Q: 这些人才由谁管理?如何管理?

A:成立专门的班子管理

因为组织管理是工作的重心，其决定了组织是否稳定凝聚、执行是否到位、信息传递是否通畅，所以非常有必要组建专门的班子来进行管理考核，这个班子在公司层面可以属于“市场部”，由于这个班子所面对的全是市场的核心人员，所以需要创始人亲自过问。

Q: 人才选择的标准是什么?

A:推荐考核制

决策委由平台公司直接按标准考核选择；发展委由决策委按标准推荐,有公司考核后接受；执行委由发展委按标准推荐，由公司考核后接受。

考核的指标一般由三方面组成。

- 市场业绩：这是硬指标，考核基本的业务拓展能力。
- 带队能力：考核其对下属的沟通教导能力。
- 心态格局：考核其是否跟得上公司的战略和文化。

Q: 人才选错了怎么办?不合格怎么办?

A:建立预备制

俗语讲：请神容易送神难。核心一旦确认宣布，后面发现问题想要调整就非常困难了，而且极易造成团队内部的内耗甚至分裂。这是很多领导人都遇到过的难题，有些导致了核心运作系统的瘫痪，最后不了了之，很多领导甚至因此放弃了核心的运作管理。

要解决这个问题，采用预备制是个很好的方法。选拔每一个核心，都不用一步到位，先成为预备委员，预备考核期一年，一年以后如果合格再正式宣告。这样平台有了缓冲期，新晋委员也不至于得意忘形。

预备制可以让不合格的委员留在原地无法晋升，同时也给了晋升的标准，只要按照标准来要求自己，每个人都可以继续晋升。

小结

层层核心梯队的建设是人才选拔体系，是行政管理体系，也是荣誉体系。能够满足市场人才的荣誉需求和价值需求，提升参与感和归属感。但怎样给？何时给？给到谁？如果没有科学合理的工作方法，反而会适得其反。以下重点再次提醒：

- 建立专门管理班子，创始人亲自来抓
- 给出科学的晋升标准，任人唯贤
- 使用预备制，缓冲期很重要
- 高度重视，要用就要用好

五、团队长管理模式

团队长在组织营销模式中，起到至关重要的作用，他们是市场的榜样，是团队领袖，是公司的顶梁柱，一些平台甚至将团队长纳入公司的股东体系，由此可见其价值。

本节重点探讨两点：一是如何管好团队长，二是如何用好团队长。

（一）如何管好团队长

组织营销的团队长，因为行业特性，大多是比较感性的业务型人才。这样的人才在组织管理能力上有先天不足，但因为他在市场上被树立为榜样，得到了团队成员的崇拜及公司给的荣誉，很容易迷失自己，变得自大起来。

因此，如果对团队长管理不善，极容易导致团队分裂，有些团队长甚至自立门户。

对团队长的管理，核心有两点。

1. “引领”还是“服务”

“引领”是创始人将自己放在高处，带领团队长往前走；“服务”是将团队长放在高处，平台提供供货、结算等服务。

选择“引领”，平台就要有自己的文化体系，平台创始人要有使命、有高度、有格局。相对于“服务”，选择“引领”的平台创立者需要对自己有更高的要求、更严格的自律，虽然会感觉更累，但团队会更凝聚和稳定，也更容易带动。

选择“服务”，创立团队工作难度低，工作会更轻松，可以更专注在供应链的整合、平台的覆盖面以及团队的服务上面。虽然利用情感链接、资源掌控也能维护团队，但团队长的稳定度是创始人的难题。

2. 科学的管控手段

这里提供了管控团队长的三种方式，都是经过验证有效的方式，三种方式并不冲突，最好是同时使用。

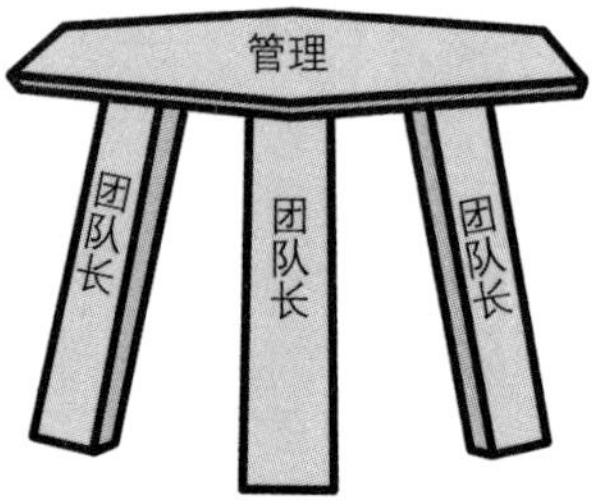

（1）平衡

团队需要至少两个或两个以上同等数量级的团队，才能达到平衡管理，如果出现一支独大的局面，将增加对该团队长管理的难度。因此，作为创始人，在组织团队初期就需要考虑这个因素。在发展过程中，如果出现一支独大，要尽快扶植另一支达到同等级别。

（2）深入管理

在市场上，如果出现某位团队长组织能力特别强、团队特别有凝聚力，这是好事，但同时也是潜在的风险：所谓客大欺店，他有可能跟公司要求不合理的条件，有可能自立门户、不服从公司的管理。这种情况危害非常大，既害了平台公司，也伤害团队成员，更加伤害这个团队长自己。

为了防止发生这样的伤害，在建立团队管理模式时，需要服务或影响到二级甚至三级核心。这样既帮助了团队长，也防止了团队长走弯路的风险发生，也就等于保护了团队（图 3－16）。

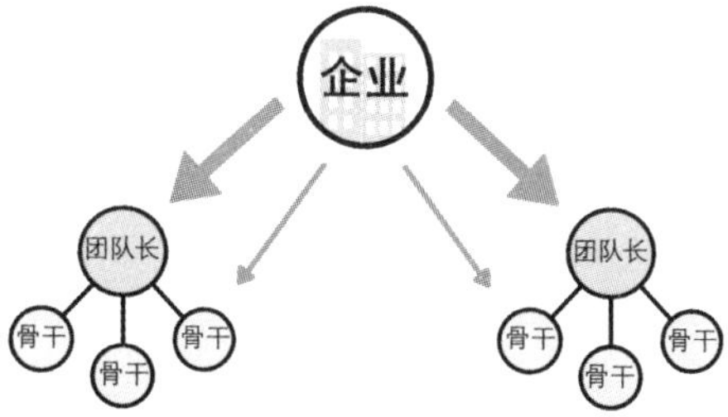

图 3－16　深入管理

（3）给空间

一个人愿意待在一个地方，是因为有空间；同样，一个优秀的团队长愿意待在某个平台上也一定是因为这里有空间。

团队长需要三个空间，分别是：

① 成长的空间

成长是生命存在的基本特征。组织营销领域的所有平台公司都在传播成长文化。自然，每个团队长都是成长文化的拥趸，那什么是成长空间？空间从哪里来？

这里的空间更多是指思想层面的空间，领导与追随者之间有人生定位、思想境界高度的落差，这样的落差就是成长的空间，落差越大，成长的空间也就越大。

所以，组织营销模式，也是要求平台领导人不断成长的模式。

② 发展的空间

追求事业上更大的成功，活出更多的个人价值，是每个人的心理需求。团队长们更是在不断地追求。

因此，平台公司需要建立思想体系，并围绕它为未来制定更高的战略目标，才能让团队长感觉到有发展的空间。可以承担更大的责任、更高的荣誉、更高的职位，这些都是发展空间的具体体现。

③ 收入的空间

随着市场团队的倍增裂变，团队长对自身价值的判断自然会水涨船高，所以对更高收入的诉求也显得很正常。如果平台公司没有预留空间，又或者没有创造出更多的空间，那么就自然会因此而产生各种冲突。作为平台创始人，要预见到会产生这样的矛盾，提前做出规划。解决的办法有以下几种。

· 预留空间（上策）

在初期制定分配机制时不要将利润分得太净，利诱不是唯一的办法。利益驱动是市场发展的原始推动力，需要创始团队认真对待，但除了利诱，还可以运用文化感召、情感链接、产品口碑等吸引市场的力量。如果在创业初期就考虑到这点，是最科学的做法。

· 创造空间（中策）

如果在当初制定分配机制时没有预留足够的空间，还可以再创造空间，通过提价、增加新产品、增加新项目等方式可以创造更多空间。但终究不是上策，产品价格提高会影响零售复购等基础销售。

· 挤压自己的空间（下策）

也有一些平台公司通过挤压自己的利润空间来笼络市场团队长，这是极为不可取的方式，这样会助长团队长的气焰，还会压缩公司的运作空间，最终矛盾还是会激化。

某些平台公司会邀请团队长成为公司的股东，这很好，但不应该是无奈之举，而应该是公司战略的一部分。公司在最初制订战略规划时，如果考虑到选择优秀团队长成为股东，这样的公司是有远见的公司。

（二）如何用好团队长

团队长是从市场一线打拼出来的人才，每一位身上都具备无穷的能量，这样的能量用好了是建设力，用不好就是破坏力。

在组织营销的发展过程中，对团队长的使用一共经历了四个阶段，随着经验的积累，越是后来采用的模式越科学。

1. 全能的团队长

在组织营销发展的初期，当个大团队长很不容易，几乎是全能冠军才能胜任。做业务、带团队、会沟通、会谈心、会讲课、能组会、会教导、聚人心，还要 24 小时随叫随到。

有很多市场的团队长无法胜任，在发展中途团队就散了，流失了许多的人才，非常可惜。

2. 公司协助管理

一些平台公司发现很难找到全能的团队长，也无法培养出来。因为人天生是不完美的，市场的团队长大多数比较感性，让这样特性的人去做管理和组织工作，是勉为其难。所以公司组建了市场部，由专人负责支持和配合团队长的工作，弥补团队长的不足，从而取得了一定的效果。但公司和市场人员的融合始终有很大的差距，不能得心应手地使用团队长，所以效果还是有限。

3. 团队长 + 助理

有一些团队长发现团队壮大了以后自己无法完全管理，于是自己付工资请助理来帮忙打理，让自己从烦琐的基础事务中解脱出来。某些平台公司也发现请助理能帮团队长解决问题，于是推动了“团队长 + 助理”的工作方式。但这种模式的弊端很快就显现出来。

① 管理助理是一件麻烦事，不具备管理能力的团队长工作反而更

乱。团队长请了助理后除了要管市场，还要去管理助理。管理助理需要更专业的企业经营技能，这是与管理市场不同的技能。所以，助理管理不好的话，团队长反而成了助理的助理。

② 很难找到合格的助理，他们大多不懂行，难以胜任工作，还极其不稳定。组织营销领域的助理除了需要基本的助理技能以外，还必须拥有对组织营销的基本理解，否则难以开展工作。所以，团队长很难找到合格的助理。

同时，这个领域的助理很难稳定，他们只要在市场上跟着团队长参加一次培训，就很容易被激发梦想，虽然激发梦想是好事，但他们再也难以安心当助理了。

③ 某些团队长开始依赖助理，将本来是自己的工作交给不能胜任的助理。人都有惰性，团队长也不例外，当某些团队长有了助理后，并不能分清楚哪些是属于助理的工作、哪些是属于自己的工作，为了轻松，于是将大量不属于助理的工作交给助理，如：开核心会、与核心交

心等工作。这样自然会影响整个团队的凝聚与发展。

经过验证，“团队长 + 助理”并不是科学的模式。

4. 团队长 + 政委

近年来，我们推出的“团队长 + 政委”的管理模式，很多平台试用了以后，很有成效，这种模式不但能解决市场的管理问题，也能避免前面出现的问题。

所谓政委是比助理定位更高的工作搭档，比助理具备更强的沟通协调能力和工作落地能力。之所以成为“政委”，是因为这样的组合具备跟军队里的“团长和政委搭档”有类似的关系：团队长负责方向和业务工作，政委负责管理落地工作。也有点像公司里的董事长和总经理的配合模式。

关于政委这个职位，具体来说有以下几个关键点。

① 由平台公司统一招聘、统一培训、协助管理，保证其能胜任工作。

这是为了解决政委的专业度和管理难的问题。由公司专业的人力资源部门来招聘，可以找到更适合的人选；由公司来培训，可以省去团队长管人不专业的短板；由平台协助管理，可以使几个团队更好地互动，公司也能及时给到市场最贴切的支持。

② 政委是团队长的高级助理，由团队长指挥。政委由团队长发工资，是归属于团队长的，他的上级是团队长。

③ 政委在团队长与公司之间架起桥梁，使团队长能更好地借到公

司的力。

④ 团队长与政委的分工如下。

团队长·决策工作·董事长	政委·管理工作·总经理
决策、抓方向、抓目标、抓核心	执行、落地、检查、组会

⑤ 团队长一样可以请助理，助理由政委管理，如果团队长的市场足够大，就需要聘请更多的助理或员工来工作，这些人员都可以交给政委来管理。

小结

组织建设是组织营销的核心工作，没有科学的组织运作，市场团队根本不可能做大，就算偶然做大，也必定不会长久，也不稳定。但所谓“法无定法”，用心爱每个有梦想的团队成员才是所有方法的源泉。

第四章

组织教育

三流企业讲产品，二流企业讲人才，
一流企业讲教育

一、认知组织教育

（一）组织教育的价值

组织教育是一种既定的、有计划地鼓励团队成员长久改变行为的过程。可以把组织教育比喻成防洪工程，投入一两个亿，表面上看不出太大的效果，仿佛只是在花钱，创造不出直接的经济效益。但如果省下这笔钱，随着泥沙越积越多，河床越来越高，一旦洪水来袭，造成决堤，损失的可能是几百亿或上千亿。当然组织教育不能是豆腐渣工程，而应该以实用为基础。

而教育对于组织营销领域的平台企业显得更加重要，基于市场团队自由、感性、非职业等特点，如果组织教育没有跟上，团队的言行一定失控，工作效率极其低下，人心不稳，公司定然难以为继。

1. 市场对组织教育的认知误区

· 教育与赚钱

很多公司对组织教育的认知会有些许偏差，认为组织教育的作用仅仅是为了帮助企业增加赚钱的速度，但实则组织教育的价值更多是培养人才，商业的核心应该是为了服务社会。

因此，到底是“教育为赚钱服务”还是“赚钱为教育服务”，这是起心动念的根源问题，所以实际操作起来有本质的不同。真正有品质有品牌的公司都很清楚，我们是在用赚钱的动力来推动教育，进而服务社会。一家好的组织营销平台公司就是一家教育培训公司，通过好的产品吸引消费者进来，通过赚钱留住他们，通过教育培养他们，再通过他们服务于社会。

· 教育与培训

很多平台领导人简单地将教育和培训等同起来，这是认知上很大的偏差。其实两者有很大的差别，最大的差别是：培训只是教育的一种手段，而教育的手段有很多种（图4－1）。

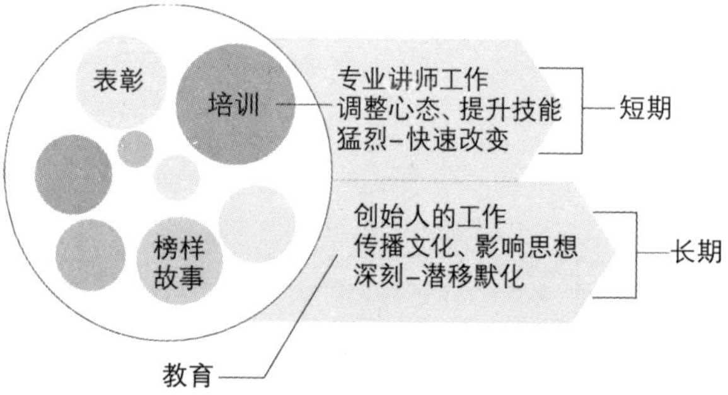

图4－1　教育与培训的区别

2. 组织教育的投入产出比较

组织教育在组织营销的营运中起到了至关重要的作用，然而大多数企业却对教育的认知不足，究其主要原因是对教育工作的投入产出不清楚（图4－2）。

其实，对教育的投入并不需要很多，关键是投入“重视度”，也就

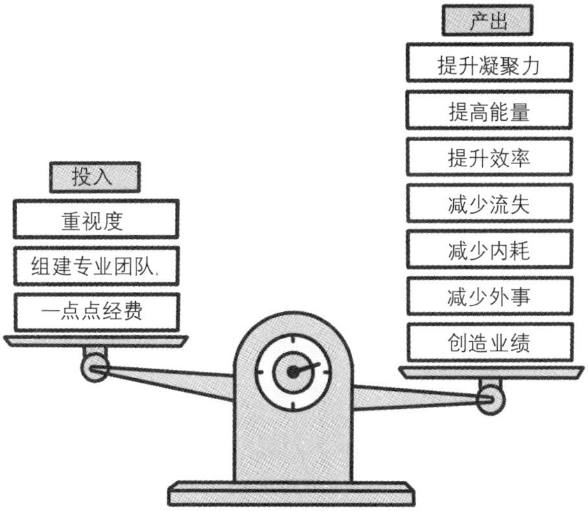

图 4－2　组织教育的投入产出比较

是说"我们是否重视教育"了；其次，我们需要花功夫组建一支属于自己的专业的教育团队，能够科学、系统地开展工作；当然，公司还需要拨出一点教育经费，不需要太多，而更多的教育经费可以通过培训等方式从市场收取。

教育投入虽然不多，但是对公司及社会的产出确是极大的。

· 提升凝聚力：通过统一思想和行为，提升团队磁场和氛围。

· 提升行动力：通过建立信念，提升成员内在能量和行动力。

· 提升效率：统一工作流程，标准化、职业化工作，效率更高。

· 减少流失：降低工作难度，提升抗打击能力，提高成功率。

· 减少内耗：团队成员找准定位，科学化、职业化开展工作。

· 减少外事：通过教育落实行为规范标准，减少外事概率。

· 提升业绩：有规则、有效率、有凝聚力的团队自然有业绩。

3. 组织教育的实施方法

组织营销教育的措施有很多，主要的方法有：培训、表彰、树立榜样、传播故事、传唱歌曲等（图4－3）。

图4－3　组织教育的实施方法

组织教育的任务是：信念系统建设和业务系统建设。

业务系统和信念系统相辅相成，缺一不可，也可以将两大系统理解为“阴”“阳”结合，“阴”代表信念系统，属于内在、潜在的能量；“阳”代表业务系统，属于外在、实用的方法（图4－4）。

图4－4　组织教育的任务

二、认知信念系统

（一）什么是信念

信念是指一个人通过人生经历，建立的对人、事物的某种认知或观点，对我们认为的世界维持运作的主观法则，对世界各种关系的主观逻辑定律，并且坚信这种观点的正确性，以此支配自己的行动。

简单地说，信念是指坚定不移地相信自己的某一认知或观念的状态。

“相信”和“信念”有很大的区别

大部分人对信念系统建设的理解还停留在“让团队成员相信”的层面，但“相信”与“信念”之间的区别相差万里（图4－5）。

相信是表层的感性，信念是深刻的理性认知后的感性。

人们往往把失败或成功归因于天赋或努力，但只有天赋和努力是远远不够的，真正控制着成功的关键因素，实则是来自每个人自己的信念。

认知决定选择，选择决定结果。在组织建设中，建立统一的认知，并强化其信念，是凝聚人心、决胜市场的根本。

图4-5 相信和信念的区别

（二）信念在组织营销中的作用

1. 提升团队成员的定力

商业的竞争总是充斥着各种威胁利诱，不论是团队中的团队成员还是骨干，如果在面对这些情况时没有足够的信念，很容易信心动摇，从而造成人员流失（图4-6）。

图4-6 提升团队成员的定力

2. 提升团队成员行动力

人的内心一旦有了信念，如同有了照亮人生道路的一盏明灯，有目标有方向，能自我驱动前行。

军队战斗力的强弱，主要是取决于将领的信念强大与否，据说当年拿破仑只要一上战场，士兵的战斗力可以成倍增长。在企业的团队建设中，信念系统则是强化团队成员内心的能量源泉。

日本企业家稻盛和夫把人分为三种类型：自燃型、点燃型、阻燃型，大部分的人都属于点燃型，建立信念就像点燃火苗，成为团队成员的自我驱动力（图4－7）。

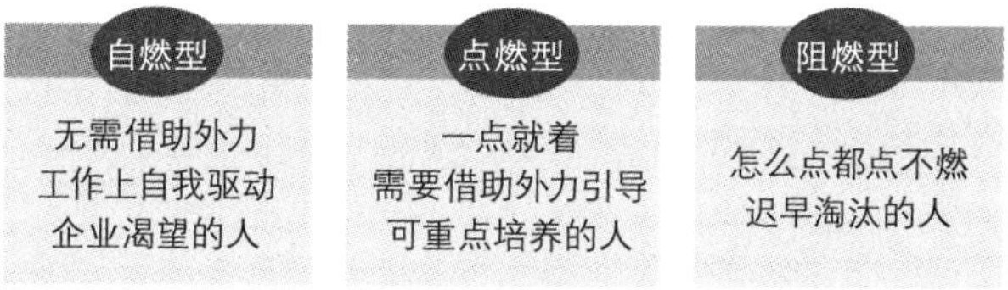

自燃型
无需借助外力
工作上自我驱动
企业渴望的人
点燃型
一点就着
需要借助外力引导
可重点培养的人
阻燃型
怎么点都点不燃
迟早淘汰的人

图4－7　人的三种类型

3. 提高团队成员行动成功率

成功建立起信念系统，团队成员面对市场拓展时将更自信，更能感染他人成为事业合作伙伴，也能因为这份信念更加不容易流失，从而提高团队工作效率。

例如，在讨论组织发展的进人系统时，总是会有这样的两个方向：信念重要还是方法重要？当然，科学的回答是两者都同等重要。但事实是信念要比方法更重要！当一个团队成员有信念时，就算方法不够或方法不对，也能拓展市场；如果这个成员有方法，但缺少信念，那方法是无用的，他根本无力拓展市场。

（三）六大信念系统

在组织营销中，信念系统从以下六个方面来建立：行业信念、公司信念、产品信念、模式信念、团队信念、个人信念。

完整的信念系统必须是六大系统同时同等地建立，任何一个信念系统的缺失都会导致团队成员难以启动甚至大量流失，如同组成木桶的六块木板，少一块短一截木桶都无法完整。

六大信念的建立需要通过会议表彰、系统培训、榜样树立、故事传颂、歌曲传唱等方式来完成和深化。

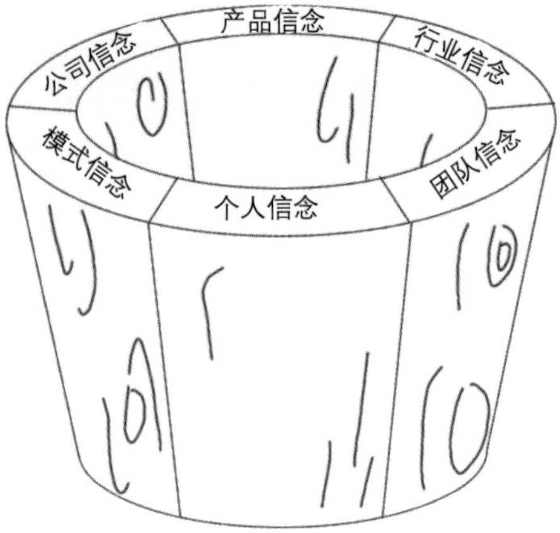

与业务流程紧密结合的培训和会议是信念主要的传播方式和途径，在不同业务流程的环节中分别建立和强化不同的信念。

我们通过让准会员体验产品

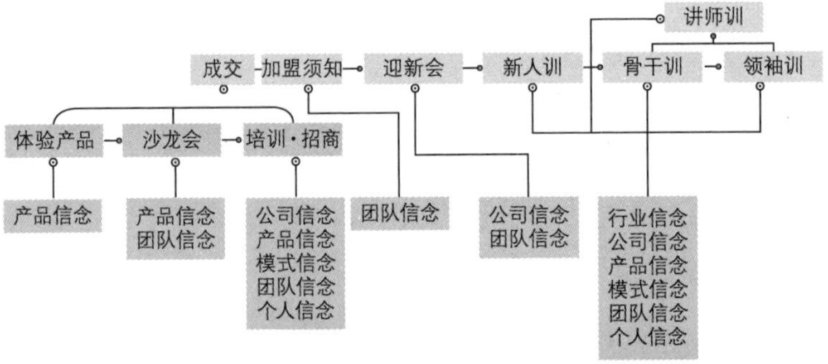

图4－8　六大信念系统

或服务来开始建立“产品信念”，通过线上或线下的沙龙会来建立“产品信念”及“团队信念”，通过产品和技术培训及线下招商会来建立公司、产品、模式、团队及个人的信念。在新成员加盟时，有经验的市场骨干都会跟新人做面谈工作，告知加盟须知，这有助于加强新成员的团队信念（图4－8）。

新成员加盟后，参加由市场团队举办的迎新会将有助于提升他的“公司信念和团队信念”，随着他的成长，将陆续参加公司或团队举办的各种培训，这些培训的首要目标就是不断地建立和强化“六大信念”。

·行业信念

1. 行业信念的重要性

选择行业，如同房屋修建时的选址，在沙滩上的建筑即使再高大再豪华，如果地基不稳，一经风吹就容易倒塌。但在夯实的土地上修建的建筑，根基稳固，暴风骤雨也无法动摇。

同样，选择的行业是否稳固、是否有上升空间、是否有未来、是否值得我们全力投入时间、人脉和精力，这些都是选择之前需要考虑的问题，而行业信念正是为了解决这一问题的所在。

特别说明

不同的产品各属不同行业，服装、美容美妆，生活日用品，之所以没有被称为服装行业、美妆行业，是因为这些行业的商业模式带有极强的组织营销属性，跟传统营销模式有明显的区别，所以往往被称为“直销行业”“微商行业”，究其本质都属于“组织营销”领域。

2. 建立行业信念的方法

在组织营销领域中，主要包括直销、微商、社交电商、社区团购等，商业模式虽有所不同，但内核性质却是一样的。

众所周知，这些营销模式在社会上的口碑并不好，因为其独特的属性和运作模式，在拓展市场过程中有难度；加盟的新人也充满疑惑、没有能力，还有自我怀疑以及身边亲朋好友的打击，而这些问题都可以通过建立行业信念来得到解决。

方法① 剖析商业趋势

通过对未来的商业趋势、行业趋势、时代变革等的深度剖析，让团队成员看到我们的模式是符合未来趋势的商业模式，看到企业价值远景。

案例

人工智能时代的到来会导致失业潮，组织营销是很好的消化方式。信息传递的革命导致产品的利润空间减少，而组织营销的高价值会赋能产品，增加产品的竞争力。

方法② 分析行业价值

通过对个人价值和社会价值的系统分析，让团队成员直观感受到组织营销模式的行业价值。

个人价值	创业平台	能力提升	心境提升
社会价值	提高就业率	传播正能量	培养人才

· 创业平台：投资小、风险小、有人帮、回报快、市场大，这是最适合普通人的创业平台。

· 能力提升：销售能力、领导能力、演讲能力、管理能力，以及各种能力都会在工作中得到全方位成长。

· 心境提升：定位高度、心胸宽度、内求深度、追求力度，在提升收入和能力的同时，提升了境界。

· 提高就业率：提升个人价值，减少社会压力。

·传播正能量：传播学习、感恩、积极等正能量，传播健康理念，提升个人担当。

·培养人才：大量培养销售人才、演讲人才、管理人才、领袖人才。

方法③ 探讨负面口碑来源

客观、实事求是地探讨负面消息出现的原因，会让我们的分析更容易让人信服。

一是因为领导人职业化和工作系统化的缺失导致工作效率低下。

二是因为浮躁等原因，促使某些团队成员急于求成、夸大产品功效或夸大收入导致更多的负面和外事事件的产生。

三是一些传销和资金盘等因为采用了跟组织营销同样的裂变原理，而让组织营销背了黑锅。

职业化不足	工作效率低	工作难度大	失败率高
浮夸	夸大产品功效	夸大收入	随意承诺
被误解	传销	资金盘	其他

方法④ 分析产品市场空间容量

通过对产品市场空间容量的分析及当前市场占有率的数字比较，让团队成员看到市场空间，进而放大梦想并坚定投入。

案例

某公司保健品对行业市场空间容量的测算

2019年全球保健品市场规模达2667.4亿美元，从市场份额来看，美国为目前世界上最大的保健品市场，其次为中国，占比为21.8%，市场份额呈逐年提升趋势。

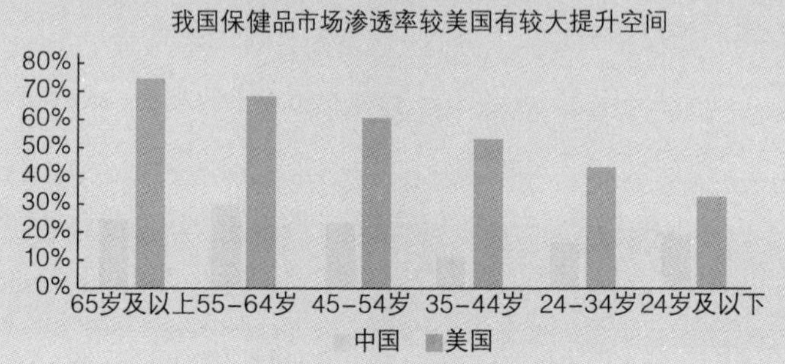

中国保健品市场渗透率为20%，而美国高达50%，其中中国仅有10%的消费者属于黏性客户，而美国则有60%，我们对照美国判断，中国保健品行业仍存较大发展空间。

从人均消费额绝对量看，2019年国内人均保健品消费额为41.6美元，较其他发达国家很有差距，提升空间广阔。

案例

线下传统渠道市场份额达到50%，对实体零售终端的把控力是企业成长的基石，抓住线上机遇，将会有较大的增量空间。

从消费者习惯来看该公司保健品在各个年龄段有较大提升空间，同时国内目前83%以上的产品属于广谱式产品，对照美国精细化产品结构，未来消费者细分将成为趋势。

需求多样化为根本动因。结合丁香医生及罗兰贝格市场调查结果来看，保健产品根据功能及人群划分后市场增量可观。

我国将近85%的人存在肠道问题，60岁以上的老人中，原发性骨关节炎发病率高达50%，而骨关节炎致残率为50%。某公司的益生菌及骨健康两大新市场存在明显消费需求支撑，我们判断未来这两种单品市场规模将持续以10%左右在全国增速增长。

建立行业信念的四个方法可以根据场景不同、对象不同随意组合。

例如价值远景是在组织营销领域中非常重要的一堂课，包含了行业趋势、行业价值、市场空间和公司文化四个部分，能有效建立团队成员对公司和行业的信念。

这堂课需要在新人训及骨干训的第一堂课中展现，其他培训时也需要适当植入，直到团队成员对行业的未来坚信不疑。

· 公司信念

1. 建立公司信念的重要性

如果说选择行业是在选址，那么选择公司就是选择能够施展个人实力的舞台。舞台足够宽大坚实，才能承载团队成员尽情地发挥热情，追寻梦想、演绎人生。

而“企业文化”“产品品质”“公司实力”“创始人人格”就是这个舞台的四个基石，夯实了这四个基石，就能带给市场合作伙伴以安全感。

所以，建立公司的信念从企业文化、产品品质、创始人人格、公司实力这四个方面下功夫。

更重要的是，要建立公司信念，有效的办法就是要解决公司的永续性和合法性的问题。合法性的建立需要职业化、规范化地运作市场，并严格遵守国家法律法规；永续性的建立意味着公司虽然必须不断追求经济发展，但同时不因为追求短期利益而忽略公司文化理念的传承（图4－9）。

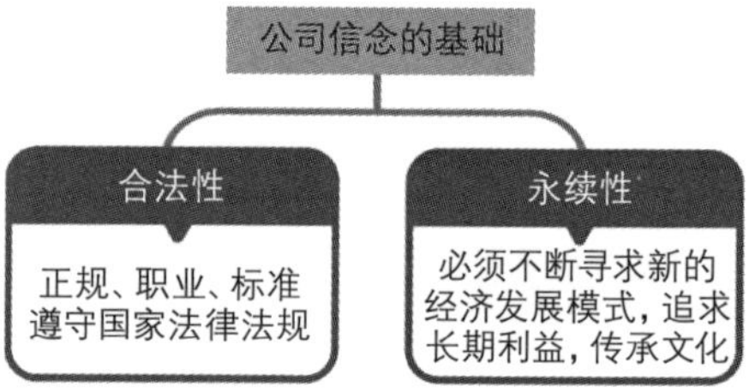

图4－9　公司的信念

2. 如何建立公司信念

方法① 理性展示公司实力

将公司工厂、生产、研发、技术、资质等信息通过图像化、数据化、视觉化等方式有效呈现。

工厂　生产　研发　技术　资质

方法② 传颂公司及领导人的故事

有了公司实力做基础，再加上公司领导的故事传颂，公司的形象会更加立体、高大，由公司品宣部收集、整理、提炼出公司和领导人的系列故事，在会议、文宣、培训中宣讲。

公司在搜集素材、不断提炼领导人故事并传颂的时候，都会在团队中产生一种向心力，使得领导人的形象鲜活起来，公司和领导的感染力和号召力会有效增强。

方法③ 体验公司文化

传颂公司故事等同于传播公司文化，但这里强调的是文化的体验，体验的最主要的方式是分享。

在组织营销领域，不管是培训还是各大会议，都会有诸多分享的环节，分享是团队成员体验公司文化中较为重要的部分。

案例

某公司的文化是以“成长”为主的文化，核心口号是“成长比成功更重要”。但是在招商会、培训会等场合，市场领导更愿意分享事业，分享自己在短时间轻松地赚到了多少钱，买了房买了车。这样的分享当然会促使更多的伙伴加入，但后来发现，加入后的伙伴往往都急功近利，很浮躁，自然就很容易流失。后来公司要求，所有在台上的分享只能分享成长，不论是能力成长还是心态、观念的成长，要真实地体现公司的成长文化。很快，整个市场团队的氛围发生了改变，公司文化自然也就深入人心了。

此外还有其他表现形式，也有利于团队成员体验公司文化，比如传唱公司的歌曲，会议中统一服饰、口号、固定的肢体动作等，都有利于强化公司信念。

· 产品信念

1. 产品信念的重要性

六大信念中，产品信念是从事一份事业最底层、最根本的信念，因为在组织营销领域，合法合规发展，并且永续经营的公司，一定会非常重视产品。

特别是公司在经营前期，市场裂变倍增很大程度是因为客户对产品的好感和信任，客户体验到了产品的好处，自然而然就会分享给身边的朋友，被分享的朋友也会因为从产品中受益，而这就是事业开始的基础信念。

分享产品的成员潜意识的声音是：就算伙伴没赚到钱，就算这个平台不长久，就算这份事业有争议，但我分享的产品帮到了对方，我问心无愧！

这是潜意识深处的能量。

2. 建立产品信念的方法

方法① 展示产品研发技术和成果等

将公司工厂、生产线、供应链、研发技术与团队等数据信息通过最有效的形式展现，并加以推广，以此让团队充分了解，从视觉和听觉层面建立起对产品的信念。

类型	具体项目	展现形式
工厂	☑ 选址、面积、环境、容纳人数	图文；视频
产品生产线	☑ 自动化程度、无菌条件	现场参观；图文；视频
供应链	☑ 产品原料生产基地、物流系统	现场参观；图文；视频
研发技术	☑ 创新科技、专利、获奖证书	图文；视频；体验
研发团队	☑ 团队人数、精英简介	图文；视频

方法② 产品体验及分享

组织营销领域中主打产品的体验感一般较为强烈，同时也有结合专业仪器增强体验感的产品组合。

在体验时要求大家做好体验前、中、后的见证收集，例如拍照、称重、测数据等，有利于体验后更直观地对比，以此提高产品信念。

一般在沙龙会或招商会中，让受益者真实分享产品效果，更有助于建立新成员对产品的信念（图4－10）。

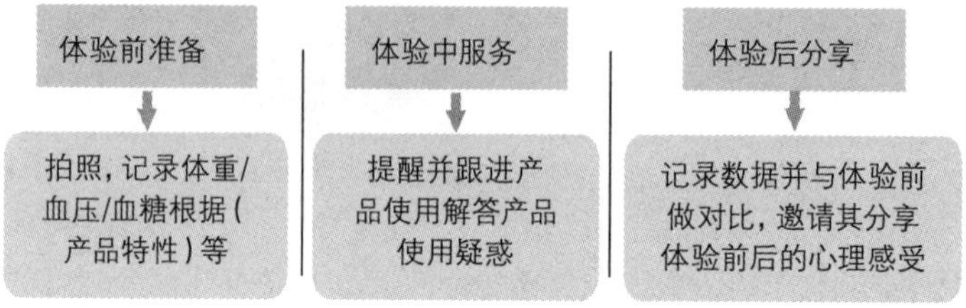
体验前准备
拍照，记录体重/血压/血糖根据（产品特性）等
体验中服务
提醒并跟进产品使用解答产品使用疑惑
体验后分享
记录数据并与体验前做对比，邀请其分享体验前后的心理感受

图4－10　产品体验及分享

在产品体验出效果后，再在后期产品培训中充分了解产品运作机理后的分享，理性后的感性更容易感染他人，强化团队成员对产品的信念。

3. 产品培训及产品文化

产品培训是在感性体验的基础上增加对基本原理讲解，使其在理性的基础认知上拥有感性的认同，才能让团队成员更理解产品的优势所在。

仅是通过产品本身建立的信念是相对薄弱的，因为市场极可能会出现同类产品，所以产品培训时应赋予产品更高或更独特的产品文化，才能在市场上保持其独特性，建立竞争壁垒，更能增强团队成员对产品的信念。

例如：企业经营健康产品，可以通过健康产品去传播健康理念，或比健康理念更高的心灵成长；美容产品也可以通过产品教大家如何认识美，让大家对“美”有更高的认知，更深刻的认识。

此外，将产品文化与公司文化进行有机地融合，相互叠合和赋能，产品的文化就会丰满起来，产品信念自然也就得到了完善。

如果是涉及全类品的社交电商，可以选择一个主推产品或者产品系列来赋予与公司文化相契合的产品文化。

· 模式信念

1. 模式信念的重要性

这里的“模式”是指平台为市场团队提供的分配机制。

“赚钱是原动力，成长是生命力”，每个人为事业奋斗，都会评估自己的付出回报比。

金钱和利益是市场中最核心、最原始的驱动力，模式信念的建立能够让团队成员内心充满能量，增强对外界“杂音”的免疫力。

2. 建立模式信念的方法

在业务流程中，一般在招商会或沙龙会后的流程中会安排分配模式的分享。需要注意的是这里的分享并不足以建立起模式信念，只是让团队成员对模式有初步的了解进而愿意加盟合作。

方法① 理性拆解

在“新人训”中，要以理性的思路进行感性的分享。以奖金制度的多样化提升团队成员对分配机制的驱动力；以感性渲染为着重点来引导团队成员的行为方向；通过分析公司与其他行业的商业模式的优劣势和公司投资回报比来引导投资、优化补单。

除了补单的效果外，通过分析投资回报的数据更能激发团队成员行动的热情，在合理的范围内，空间越大团队成员的热情就越高。在根据机制核算的过程中，能够更直观地了解通过努力可以达到的高度，这可能是在小资金投入的基础上，选择其他行业永远无法企及的。

同时提供成功案例的分享，用事实作为佐证，增强现场号召力。

方法② 成功分享

分享是组织营销领域中的有效的销售方法，分享可以分为：成功分享、成长分享和产品分享等（图 4－11）。

在模式信念的建立过程中，成功分享是有效的办法。

在招商会、沙龙会、ABC 谈单等场景中适时成功分享，或者在私下展示成功见证的情况，都可以有效提升团队成员对模式的信心。但前提是成功分享或见证的数据是真实的，分享的场合和频率是合理的，否则会适得其反，会给团队营造出浮躁的氛围，让团队成员对模式产生质疑。

· 团队信念

1. 团队信念的重要性

组织营销是靠团队的磁场和氛围才能成功的模式。每一个加盟并留下来开始运作的团队成员，百分之百都是因为被磁场和氛围影响而改变

图4－11　分享的三种形式

的。当然业务伙伴一对一的沟通，在沙龙招商中也发挥了一定作用，但究其本质来说，氛围的感召力才是巨大的。

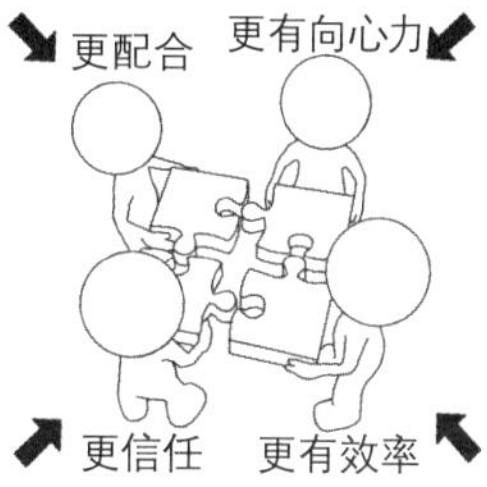

如果团队中充斥着对组织的不信任、不认同、不理解，团队内部就会产生内耗，这样的团队氛围会导致整个磁场快速减弱，自然团队成员个体的信念也会随之下降。所以提升团队磁场和凝聚力才是提升团队信念最关键有效的方法。

2. 建立团队信念的方法

团队信念主要包括对领导人的信任和对工作流程的信心。对领导的信任是对团队信念的源头，对工作流程的信心是建立系统信念的源头。

方法① 建立系统化的标准工作流程

步骤一：为市场提供简单、易教、易学、易复制的工作流程。组织营销领域有个经典的课程，叫“成功八步”，讲的是一个新成员怎样从明确梦想开始，到最后获得成功的八个步骤。这堂课对业内的市场精英给予了很多支持，让大家有了成功的路径和步骤，从而产生了信心。

步骤二：将市场运作原理和工作方法系统地通过线上音视频、线下培训等方式呈现，让团队成员了解学习后能有效减少其拓展市场的压力，建立信心，提高成功率（图4－12）。

图4－12　建立系统化的标准工作流程

方法② 通过培训提升领导人的领袖素养

包含职业化的集中的线下领导人培训和手把手地培养领导人，需要从领袖特质和领导能力两方面入手。

领袖特质	高度	格局	定力	担当
领导能力	沟通能力	凝聚能力	感召能力	主会能力

组织营销领域的领袖特质主要包含以下方面。

高度：提升领导人认知就等于提升了领导人的高度，才能达到让团队成员仰视的效果。

格局：放大领导人的格局，能更好地包容和接纳团队成员，也会在工作中更有耐心。

定力：能提升领导人对威胁和利诱的抵抗力，同时让追随者心里更有安全感而愿意追随。

担当：能担责和认错的领导人值得信任，能分享光环的领导人更有魅力。

领导能力主要包含：

沟通能力：能有效地与上下左右的合作者达成共识，做到良性合作。

凝聚能力：能与左右核心成员建立情感和高效的工作方式。

感召能力：通过演讲或其他方式，可以令团队成员心甘情愿追随。

主会能力：通过对核心会会前策划、会中控场及会后落实，体现领导人的专业能力。

组织营销领域的特性就是需要有领导人来组织工作，通过专业培训，可以有效地帮助领导人拓宽眼界和提升格局，从意识层面、心态方面和技能方面都得到全面提升，做事更有章法，从而达到重塑领导人形象的目的。

当团队成员对团队有了信念，对团队的事业和自己的未来也会充满信心，从而全身心地投入市场工作中，同时配合领导人在工作中的安排，避免因自以为是而在拓展市场的过程中走许多弯路。

人们只愿追随自己仰视的人

·个人信念

1. 个人信念的重要性

在六大信念中，如果说其他五大信念是针对外界因素的信念，那么个人信念，就是对自己的重塑。

市场的各种小问题都可能导致团队成员（尤其是新成员）对自己产生不自信，徒增负能量，那么前面建立的五大信念也就失去了意义。所以我们还需要激发团队成员的正能量，让他对自己充满信心，建立起自己的信念。

2. 建立个人信念的方法

平台在设计业务流程时，应该充分考虑在展业过程中如何依靠简单有效的流程来降低工作难度。如果团队每一名新加入的成员都要自己找方法，工作效率将大幅下降。

方法① 建立系统化的工作流程，降低工作难度

如果让小学生在上学第一天就学习微积分等高等数学，他不但学不会，而且会很快因为太难而放弃。新人在刚加入团队时也是如此，如果工作流程太复杂、太冗长，新人在遇到困难后积极性肯定会备受打击并且会很快放弃。

所以建立系统的工作流程非常必要。确定具体步骤；将音视频、手册、朋友圈图片等素材工具化、流程化；培训内容精致到位、清晰实用，做到一看就懂，一学就会，一用就灵的程度，通过一键转发等简单操作就能达到团队所需的推广作用。新人上手快，自然就容易树立信心。方法② 协助设定小目标

这里的小目标当然不是指大企业家的小目标，每个人对小目标的标准是不一样的，可以从下面三个方面来进行参考和选择（表4－1）。

表4－1　设计小目标

目标类型	主要内容
成交小单	需要根据每个企业产品而定，利用小单成交的容易性，快速建立信任的信心

如果太难，成员会放弃尝试

回本目标	根据投资的金额，设定合理的时间周期，在规定时间内拿到和投资一样金额的收益
成长目标	针对对自己能力有要求和成长需求的团队成员，比如能突破对邀约的恐惧勇敢邀约一次、比如能上台分享，能担任一次主持人等

新人的自信不是凭空产生的，而是达成自己既定目标，并且在达成后收获了肯定和认可，期间有人不断地帮他确认信心，这样才能逐渐建立起团队成员对自己的信念。

方法③ 营造相互鼓励、欣赏的团队氛围

在培训中，专业的师资团队会在课程中设计潜能激发的环节，让参训伙伴能更加了解、认识、肯定自己。

在培训时让伙伴在会场中寻找到标杆，如果是优于自己的，要以其为榜样；如果相差无几或者不如自己的伙伴却能干得很出色的，通过对比和参照，达到激发信心的效果，同时营造欣赏和鼓励的意识。

以积极进取的团队氛围，互相鼓励，有效提升团队成员的信心，在团队中倡导“三多”和“三不”来营造良好的团队氛围。我们都知道，欣赏和鼓励会让白痴变为天才，而批评与指责会让天才变为白痴。

案例

妈妈，只有你能欣赏我

第一次参加家长会，幼儿园的老师说：“你的儿子有多动症，在板凳上连三分钟都坐不住，你最好带他去医院看一看。”回家的路上，儿子问她，老师都说了些什么？她鼻子一酸差点流下泪来，因为全班30多名小朋友，唯有儿表现最差；唯有对儿，老师表现出了不屑。然而，她还是告诉了儿子：“老师表扬了你，说宝宝原来在板凳上坐不了一分钟，现在能坐三分钟了，其他的妈妈都非常羡慕妈妈，因为全班只有宝宝进步了。”那天晚上，她儿子破天荒地吃了两碗米饭，并且没让她喂。

儿子上小学了。家长会上，老师说：“全班50名同学，这次数学考试，你儿子排49名，我们怀疑他智力有些障碍。您最好能带他去医院查一查。”回去的路上，她流下了泪。然而，当她回到家里，却对坐在桌前的儿子说：“老师对你充满信心。他说了，你并不是个笨孩子，只要细心一些，会超过你的同桌的，这次你的同桌排在第21名。”说这话时，她发现，儿子黯淡的眼神一下子充满了光彩，沮丧的脸也一下子舒展开来。她甚至发现，儿子温顺得让她吃惊，好像长大了许多。第二天上学时，去得比平时都要早。

孩子上了初中，又一次家长会。她坐在儿子的座位上，等老师点她儿子的名字，因为每次家长会，她儿子的名字在差生的行列总是被点到。然而这次出乎她的意料，直到结束，都没有听到。她有些不习惯。临别，去问老师，老师告诉她：“按你儿子现在的成绩，考重点高中有点危险。”她怀着喜悦的心情走出校门，发现儿子在等她。路上，她的手搭在儿子的肩膀，心里有一种说不出的甜蜜，告诉儿子：“班主任对你非常满意，他说了，只要你努力，很有希望考上重点高中。”

高中毕业了，一个第一批大学录取通知书下达的日子，学校打电话让她儿子到学校去一趟。她有一种预感，她的儿子被清华录取了，因为在报考时，她跟儿子说过，她相信他能考取这所学校。儿子从学校回来，把一封印有清华大学招生办公室的特快专递交到她的手里，突然转身跑到自己的房间里大哭起来，儿子边哭边说："妈妈，我知道我不是个聪明的孩子，可是，这个世界上只有你能欣赏我。"

听了这话，妈妈悲喜交加，再也按捺不住十几年来凝聚在心中的泪水，任它流下打在手中的信封上……

重点提醒

·信念系统的建设是团队建设的重中之重，切不可掉以轻心。

·信念建设是系统工程，必须与业务系统建设同时进行，并融合到各项培训和会议中。

·信念系统建设是个长期的工作，每个人的信念建立都需要不断地重复强化。

三、培训系统

（一）培训的作用原理

所有的培训，究其本质都是为了解决团队成员在市场中的“执行力障碍”。例如：不邀约、不带新人、不学习、不参会、不行动等状态，这些问题的根源都是来自执行力的三个障碍：不知、不愿、不会。

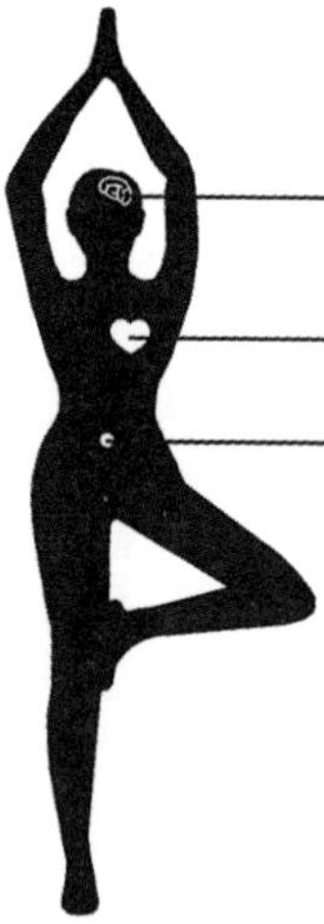

“不知”是意识层面的障碍，“不愿”是态度层面的障碍，“不会”是能力层面的障碍。

1. 唤醒意识——调整认知

在团队各个层级的成员都有不同的执行力障碍，而最主要的障碍就是认知障碍。所以，唤醒意识—调整认知是首要的工作。

根据市场团队成员不同阶段的关注点、障碍点的不同，需要唤醒的意识点也不同（图 4－13）。

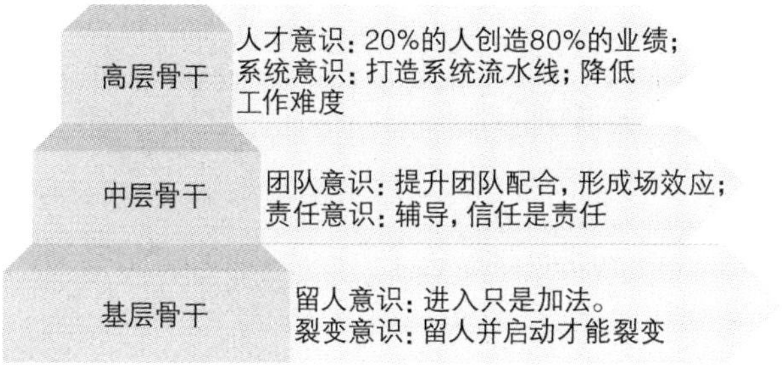

高层骨干
人才意识：20%的人创造80%的业绩；
系统意识：打造系统流水线；降低
工作难度
中层骨干
团队意识：提升团队配合，形成场效应；
责任意识：辅导，信任是责任
基层骨干
留人意识：进入只是加法。
裂变意识：留人并启动才能裂变

图 4－13　需要唤醒的意识

2. 调整心态——提升意愿

俗语讲：千金难买我愿意。在激烈的市场竞争中，团队成员会因为团队内部的冲突、销售中的失败与打击、家庭的负面影响，以及自身的情绪等，发生心态的变化而导致行动力下降，心态调整的目的是为了提升伙伴的意愿度，从而提升团队行动力。

在多年的组织营销运作中，总结了八个最基本的心态：学习心态、积极心态、感恩心态、包容心态、付出心态、坚持心态、平常心态、老板心态，在平常团队运作中需要通过各类培训及分享等方式，不断强化提醒和调整到位（图 4－14）。

3. 训练技能——减少失误

没有经过职业化训练的团队伙伴，每天都在市场上制造负面、伤害顾客、破坏市场。

职业化的定位、职业化的心态、职业化的工作流程、职业化的业务动作，这些都是组织营销领域的短板，平台老板要么不够重视，要么缺少培训的系统和方法。

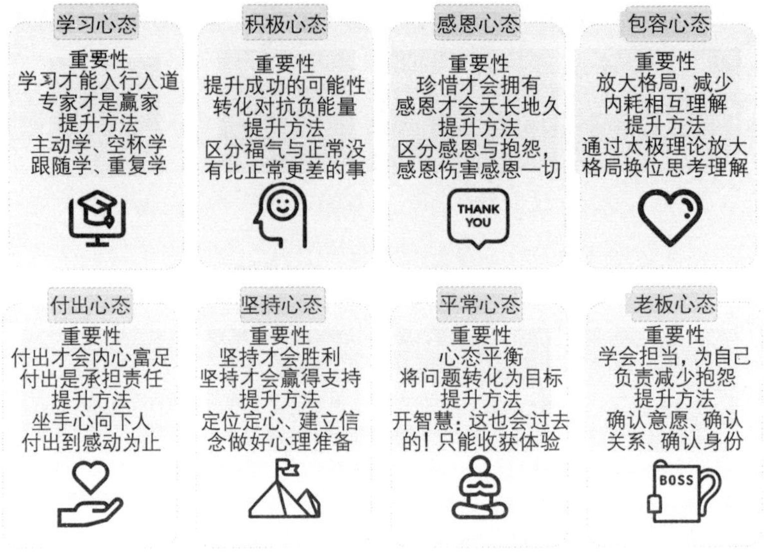

学习心态
重要性
学习才能入行入道
专家才是赢家
提升方法
主动学、空杯学
跟随学、重复学
积极心态
重要性
提升成功的可能性
转化对抗负能量
提升方法
区分福气与正常没
有比正常更差的事
感恩心态
重要性
珍惜才会拥有
感恩才会天长地久
提升方法
区分感恩与抱怨，
感恩伤害感恩一切
THANK YOU
包容心态
重要性
放大格局，减少
内耗相互理解
提升方法
通过太极理论放大
格局换位思考理解
付出心态
重要性
付出才会内心富足
付出是承担责任
提升方法
坐手心向下人
付出到感动为止
坚持心态
重要性
坚持才会胜利
坚持才会赢得支持
提升方法
定位定心、建立信
念做好心理准备
平常心态
重要性
心态平衡
将问题转化为目标
提升方法
开智慧：这也会过去
的！只能收获体验
老板心态
重要性
学会担当，为自己
负责减少抱怨
提升方法
确认意愿、确认
关系、确认身份
BOSS

图4－14　八种最基本的心态及调整方法

在重视技能训练的情况下，实施技能训练有以下三个重点。

（1）分层阶梯培训

一般分为“新人—业务培训”“骨干—管理培训”“领袖—组织培训”三个层级，各自的技能要求是不相同的。但很多平台并没有认真区分培训层级，把主要精力放在了业务培训上，而对另外两者重视不够（图4－15）。

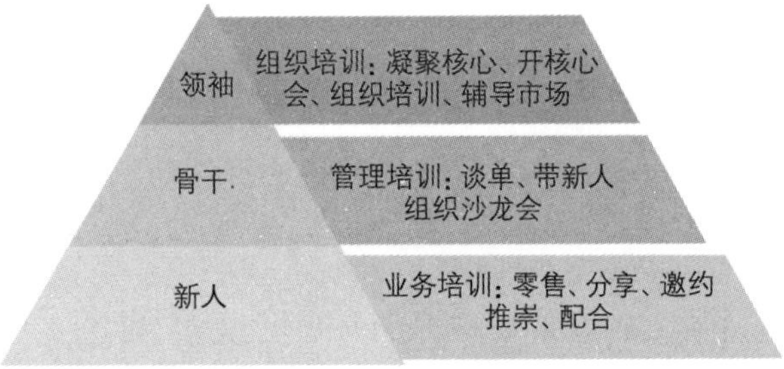

图4－15　分层阶梯培训

（2）线上线下结合

根据团队成员的成长特点和行业规律发现，有些课程适合线下学习，有些则适合线上学习，还有一些需要多次练习，不能一概而论（图4－16）。

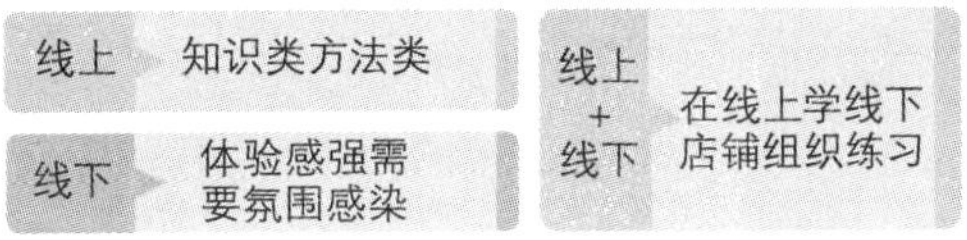

图4－16　线上线下相结合的培训

（3）多次重复学习

所谓“重复是学习之母”，但市场成员往往不愿学习，更不愿重复学习。作为培训主办方要销售及推动重复学习。

团队成员在学习完后，需要在市场上使用历练一段时间，在遇到问题后再回来学习的效果才是最好的，这样的学习至少需要重复三次以上，才有可能完全理解和吸收。

（二）培训的分类

随着时代的进步，以前的培训只有线下培训一种，而当下的培训主要有“线下培训”和“线上培训”及“线上＋线下”三种，其各有优劣势（图4－17）。

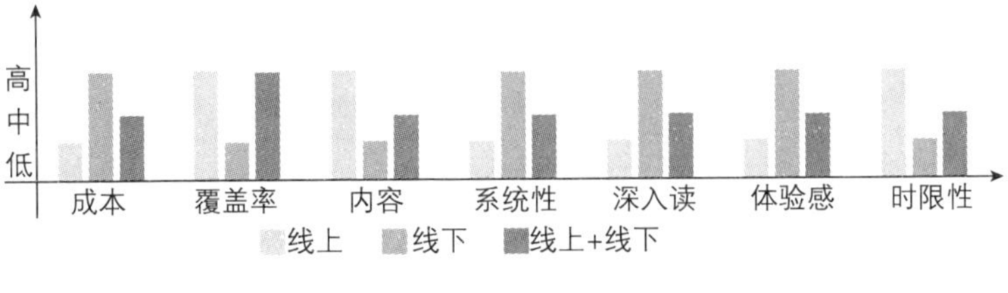

图4－17　线上线下培训优势比较

我们发现，线下培训的优劣势跟线上培训恰好相反。线下培训的优点是：课程系统性强，学习内容可以更深入，体验感更好，学员在学习时更容易投入，也有很好的场效应，但相对于线上学习来讲，学习成本偏高，每次学习的覆盖人群少，时间上的自由度也不高，并且内容的丰富度上也缺乏优势。而线上学习与之恰好相反。

但在设计培训系统时，要以线下培训为主、线上课程为辅，毕竟培训的功能中，除了学习和成长外，凝聚人心、强化信念、同步工作等方面的功能，线上学习是无法完成的。

还有就是线上 + 线下的模式，能将两者的优势结合起来，是非常有前景的培训模式。采取举办线上训练营的形式，线上学习、线下练习和实践，有严格的班组管理和学习考核，是既能减少成本，又能系统学习的有效模式。虽然体验感、时间自由度、课程场效应等较线下学习稍差，但整体性价比非常高。这是未来非常值得推广的学习方式。

1. 线上培训

（1）碎片化课程—音频或视频

通过搜索提问答疑的形式，精准解决团队成员在市场运作中遇到的疑点。

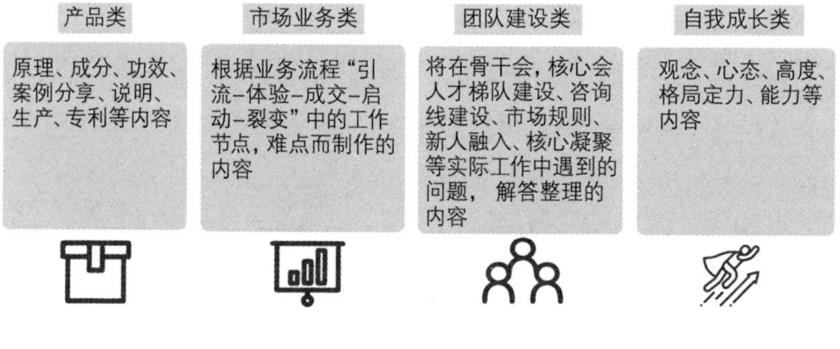

产品类
原理、成分、功效、案例分享、说明、生产、专利等内容
市场业务类
根据业务流程“引流-体验-成交-启动-裂变”中的工作节点，难点而制作的内容
团队建设类
将在骨干会，核心会人才梯队建设、咨询线建设、市场规则、新人融入、核心凝聚等实际工作中遇到的问题，解答整理的内容
自我成长类
观念、心态、高度、格局定力、能力等内容

图 4 –18　课程的种类

（2）专题课程

与新人训、骨干训、领袖训、讲师训、工作室训、招商训、组织关系特训等线下课程配套。对线下课程中需要重复学习且加强练习的部分，以录播的形式进行详细讲解，并组织以店铺（工作室）为单位的线下练习（图4－18）。

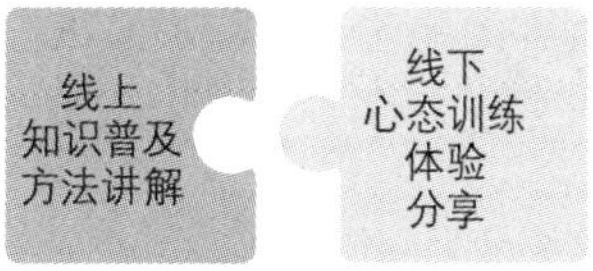

（3）游戏考核过关类

将新人必须学习且掌握的心态或技能，设计成以娱乐性、趣味性为主的过关游戏，引导团队伙伴主动学习，避免因枯燥乏味而丧失学习的积极性。

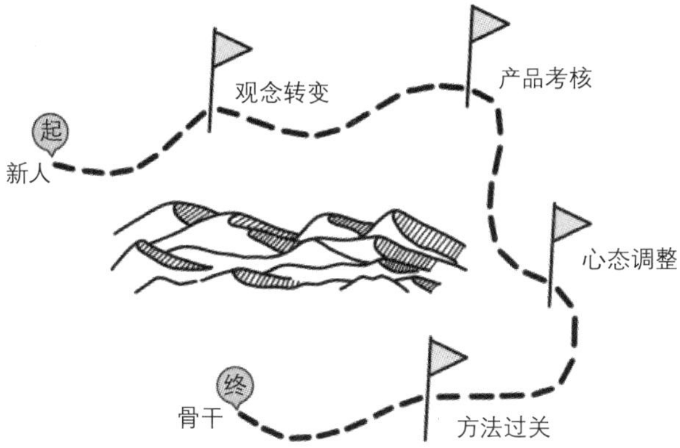

（4）直播课程

根据市场和环境变化及当下热点事件展开的即时课程。

2. 线下培训

· 线下课程的重点

线下培训重在氛围营造，产生的场效应对参训者产生影响及着重现场体验课程带给参训者铭心刻骨的体验。

“冲着方法来，带着信念走”，线下课程最重要的永远不是方法，而是信念。所以线下课程重点不在讲得多、讲得全，而在于让参训者有信心、敢行动，真正的方法是在实践中学到的，课程给到主要的流程、方向和框架就可以，更细更落地的内容可以在线上学习。

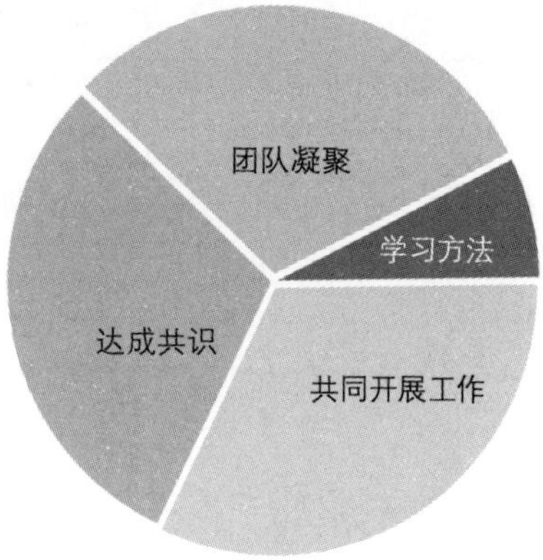

图 4-19　线下培训的主要功能

线下培训除了给方法、给信念，还是一次团队凝聚的机会，是一次核心同频达成共识的机会，是骨干共同开展工作的机会，这些其实都比学点方法更重要（图 4-19）。

·线下课程的分类

线下课程分为进阶课程和特训课程，进阶课程就像学生的正常学习轨迹：小学—中学—大学，每个团队成员都需要按照既定的标准化、职业化的培训阶梯往上升学，不能升学就表示被淘汰了；特训课程就像父母给孩子报的钢琴班、围棋班等特长补习班，市场缺什么就补什么，不同的人参与不同的培训，主持训、讲师训、店长训等（图 4-20）。

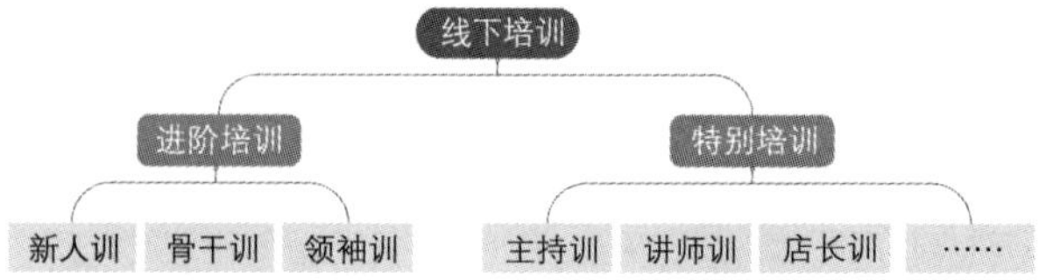

图 4-20　线下课程的分类

（1）进阶课程

进阶课程根据团队成员的成长规律，一般分为三个级别，各个级别都有不同的职位定位及相应的技能心态和观念建设（表 4-2）。

表 4－2　进阶课程的级别

职级	核心点	意识提升点	心态提升点	能力提升点
新人：业务培训	启动力	留人、裂变	学习、坚持	分享、配合
骨干：管理培训	带动力	团队、责任	担当、付出	辅导新人、谈单
领袖：组织培训	凝聚力	人才、系统	高度、格局	辅导市场抓核心

· 新人训

新人的界定：了解过而未购买的、购买产品的、投资成为经销商的，都可以成为新人而参加新人训。

要求：新人训课程必须学习 5 次及以上（图 4－21）。

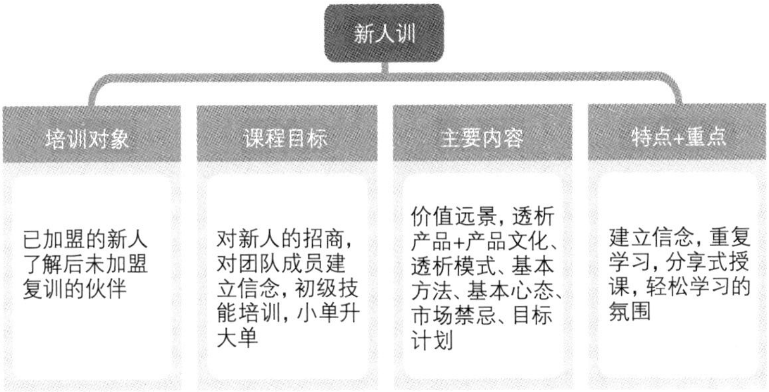

新人训
培训对象
已加盟的新人
了解后未加盟
复训的伙伴
课程目标
对新人的招商，对团队成员建立信念，初级技能培训，小单升大单
主要内容
价值远景，透析产品+产品文化、透析模式、基本方法、基本心态、市场禁忌、目标计划
特点+重点
建立信念，重复学习，分享式授课，轻松学习的氛围

图 4－21　新人的培训课程

· 骨干训

骨干的界定：①对事业认可并积极参与配合；②自己开发至少有 2 个或 2 个以上的团队成员。

要求：骨干训课程至少学习三次及以上（图 4－22）。

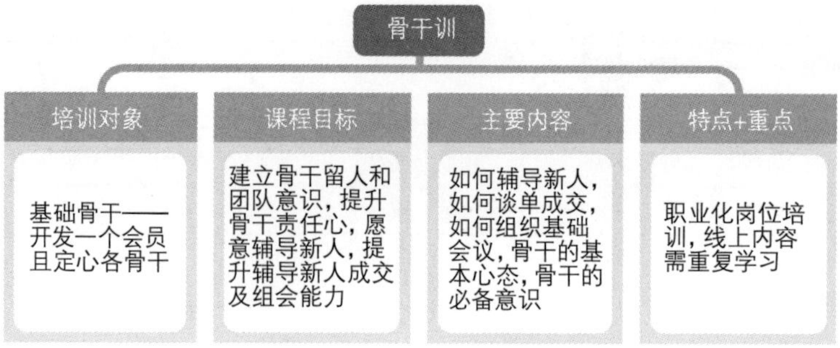

图 4-22　骨干培训课程

· 领袖训

领袖的界定：团队中有 2 个或 2 个以上的核心骨干。

要求：领袖训课程至少每年参加一次领袖训（图 4-23）。

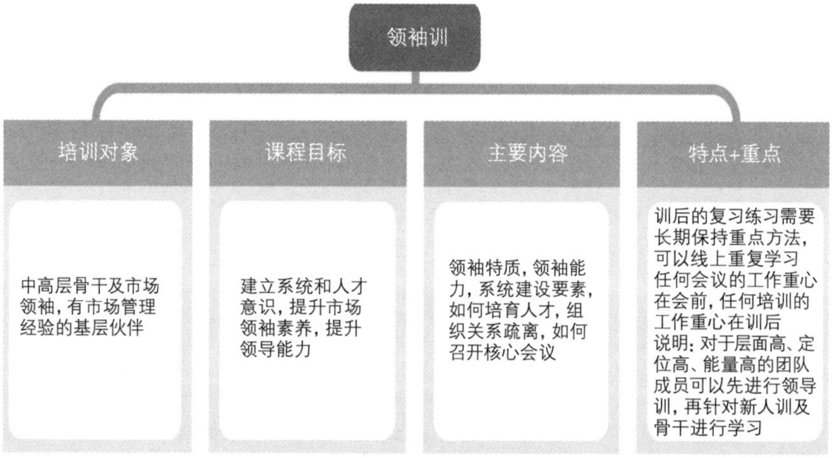

图 4-23　领袖培训课程

（2）特训课程

· 讲师训—新人训

“新人训”是组织营销领域最重要的培训（没有之一）。新人能否“存活”、市场能否启动、能否裂变、关键环节都在新人训。

遗憾的是很多市场领导并没有重视起来，导致新人训的课程设计不够完善和科学、老师品质不够、召开的场次不够，这三个硬伤导致很多新人进来不久就流失了。

“新人训—讲师训”是专门为解决这个死穴而设计：专门为“新人训”量身定制培养讲师，同时还将科学设计好的“新人训”内容交给市场。这是一举两得的课程（图 4 – 24）。

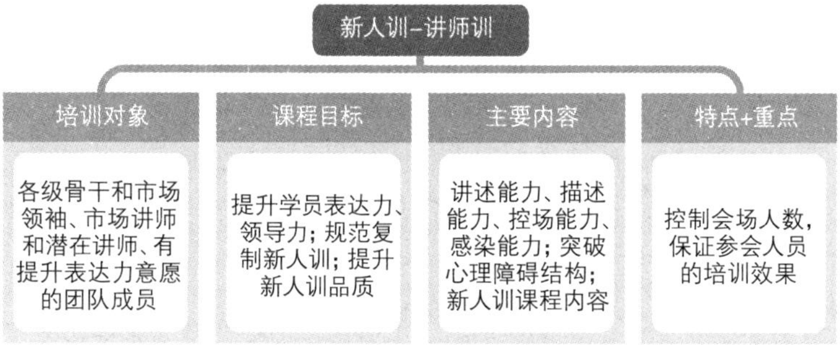

新人训-讲师训
培训对象
各级骨干和市场领袖、市场讲师和潜在讲师、有提升表达力意愿的团队成员
课程目标
提升学员表达力、领导力；规范复制新人训；提升新人训品质
主要内容
讲述能力、描述能力、控场能力、感染能力；突破心理障碍结构；新人训课程内容
特点+重点
控制会场人数，保证参会人员的培训效果

图 4 – 24　新人训—讲师训

· 主持训

组织营销是一个需要经常开展各种会议的营销模式，包括分享会、沙龙会、培训会、骨干会、核心会等，所有的会议都需要相对专业的主持人。尤其是沙龙会等业务型会议，更需要大量高品质的主持人。所以，专业的主持人培训必不可少（图 4 – 25）。

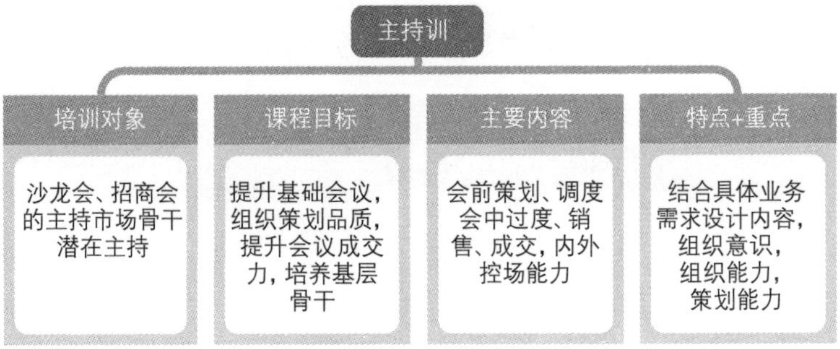

图 4－25　主持训

· 店长训

店主是投资人，店长是管理者，就像董事长和总经理的区别，要更好地管理公司，就需要最大化地了解公司运作，所以店主必须与店长同步参加学习，同时也要培养储备店长。在解决了单店盈利的问题后，还要学习如何更好地服务市场，以及如何借力店铺倍增市场。毕竟在组织营销领域，店铺只是一种工具（图 4－26）。

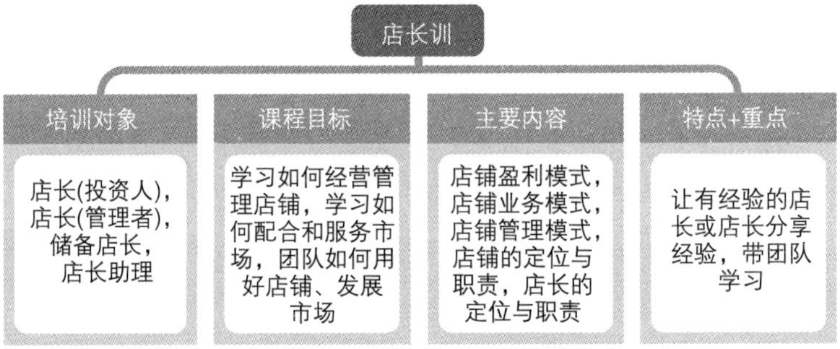

图 4－26　店长训

· 招商特训

招商特训旨在引导市场各级骨干了解招商的本质，让市场伙伴能从招资金提升到招人心的层面；同时能系统地了解招商的基本流程和原理，能够系统地看待招商，能够以启动新人为目标来开展招商工作

（图4－27）。

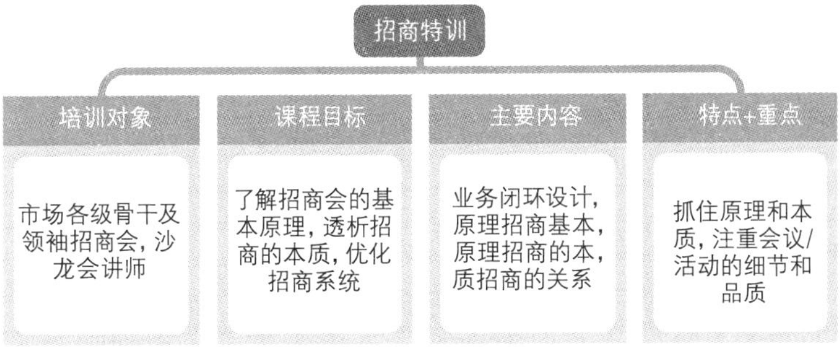

图4－27　招商特训

（三）关于培训的重点提醒

所有培训的工作重心都在训后运用。好似广东的煲汤一样：培训三天只是猛火煮开，而接下来持续的文火煲汤才是真正地煲出营养。所以，训后运用能让培训的热度保持越久，培训的价值就越高，相应地就降低团队的学习成本和运作成本。

具体来说有以下几项措施能有效消化课程。

1. 及时分享

由专门人员（公司培训部专员或团队长的助理）训后马上以团队为单位组织分享，并在课后定期组织分享，可以在微信群进行，可以在店铺或工作室里进行。

分享的内容可以是培训中的课程内容，也可以是成员的运用经验分享。

2. 马上应用

在课程中或课程后，要求每位参训者根据课程内容及自身情况制订课程落地方案（包括具体项目、目标、期限等），由基层团队长负责提醒和监督。

3. 重复学习

可以在团队长的组织下共同回顾课程，也可以在下次举办同样的课程时，鼓励参训者重复参加学习。

4. 其他方法

采用其他符合团队实际情况的方式。

四、会议系统

（一）线下会议

1. 线下会议的分类与功能

在组织营销的领域中，组织建设、教育培训是贯穿始终的工作，因而需要经常召开各种类型的会议，如：招商会、沙龙会、核心会、年会、研讨会等。这些会议虽然功能类型不同，但都具有传播文化、培养人才、凝聚人心的作用，会议可以加强融入、增强信念。

但是，不同类型的会议，其功能还是有所差别。

（1）按规模分

·大会

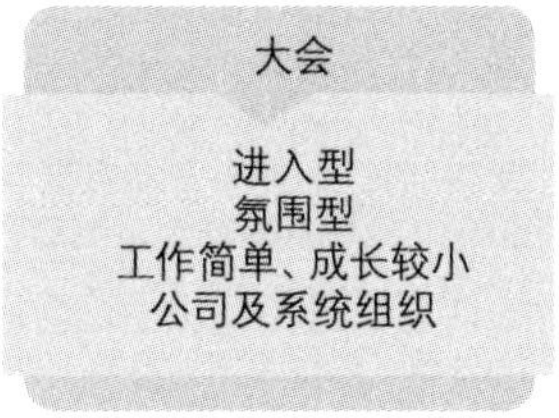

大会进人。大会集中了公司及系统所有的优质资源，是个氛围强大的进人型会议。对参会成员来说，只需要按要求邀约新人参会就可以很好地借力了，虽然成长幅度较小。但会议本身的氛围和公司的实力及文化展示，对参会人员的坚定信念有很好的促进作用。

· 小会

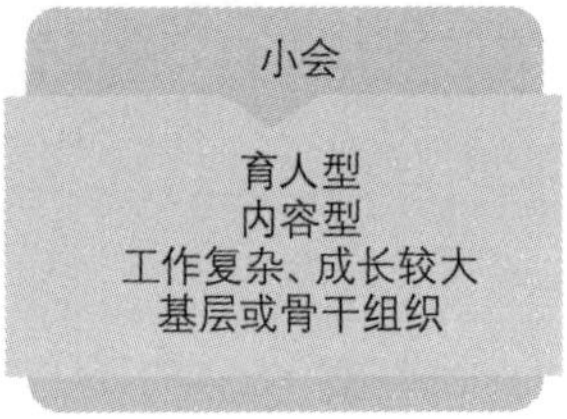

小会育人。小会一般由市场基层或团队骨干来组织开展，所有工作（组织、策划、主持、主讲、分享、成交）都需要成员自己完成，所以成长特别快。

（2）按功能分（表4－3）

· 业务型会议

以开发市场进新人为目的的会议。对参会伙伴也有强化信念增强凝聚力的作用。

· 经营型会议

以制订工作计划、有序展开工作为目的的会议。能加深参会成员的相互了解增强凝聚力，同时能提升参会者的组织策划能力。

· 聚人型会议

以促进成员融入、增加团队凝聚力为目的的会议。

（3）按频率分

年度会、月度会、周会、随机会议。

（4）按主办方分

公司主办、系统主办、团队主办、基层主办。

表4－3　会议类型

业务型			经营型			聚人型		
沙龙会	招商会	启动会	年会	骨干会	核心会	战略会	融入会	旅游研讨
基层	团队	系统	公司	团队	系统	公司	基层	公司系统
随机	随机	年度	年度	月度	月度	年度	随机	年度
小会	大会	大会	大会	小会	小会	小会	小会	大会

2. 如何举办会议

(1) 会前准备与会后落地

任何会议都分为三个部分：会前、会中、会后，会前认真准备、会中全情投入、会后落地跟进，三个部分加起来才叫一个会议。

在过往的工作中，要么忽略会前准备，要么忽视会后落地跟进，工作步骤不完整，自然效率很低，导致团队成员对会议参与的积极性不高。

· 会前准备

所有会议，工作重心都在会前；所有培训，工作重心都在训后。

会前准备是决定会议能否成功的决定因素。所有会议都可以看成是一场演出。招商会是一场演出、年会是一场演出、核心会也是一场演出，主办人是导演，团队成员是演员，大家共同完成一场高品质的演出。所以，策划和准备工作需要细致，具体来说需要准备以下内容。

① 会议目标或目的

不能为了开会而开会。“业务型会议”必须要有清晰的、实事求是的数字化目标（N单或N万），“经营型会议”和“聚人型会议”也要有明确的会议目的，如：目标分解、达成共识、凝聚人心等。

② 常规准备

会议时间地点、会场布置、参会人数、接待、吃住行等。

③ 特别准备

多次会前会议，小范围达成共识、分工配合；提前了解市场情况，收集各种数据，收集市场建议；人员安排、沟通、排练等。

按照会议流程逐条准备，不漏掉任何细节，重细节才有品质。

· 会后落地

业务型—跟单：对参会新人趁热打铁跟进出单；

业务型—培训：及时对加盟新人展开新人训，提升启动率和存活率；

经营型—落地：对会议中达成共识的事项，根据责任人和时限逐一追踪落实；

业务及经营型—跟进目标：追踪骨干的目标，协助配合达成；

会而有议、议而有决、决而有行、行而有果，有始有终才是完整的会议。

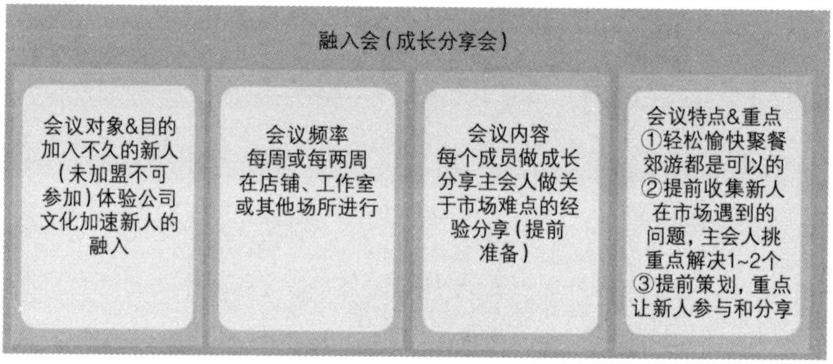

图 4 –28　融入会

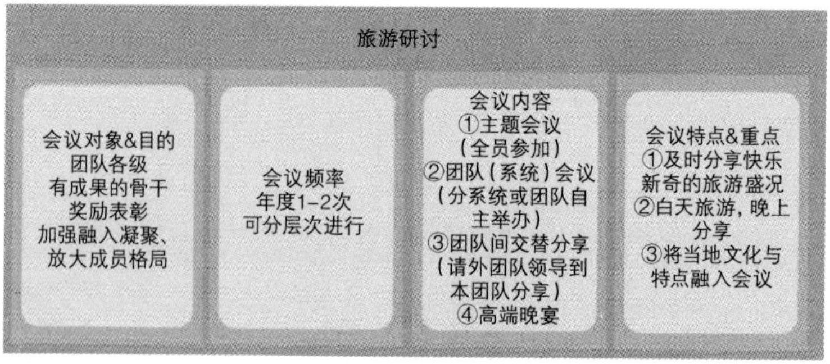

旅游研讨
会议对象&目的
团队各级
有成果的骨干
奖励表彰
加强融入凝聚、放大成员格局
会议频率
年度1–2次
可分层次进行
会议内容
①主题会议（全员参加）
②团队（系统）会议（分系统或团队自主举办）
③团队间交替分享（请外团队领导到本团队分享）
④高端晚宴
会议特点&重点
①及时分享快乐新奇的旅游盛况
②白天旅游，晚上分享
③将当地文化与特点融入会议

图 4 –29　旅游研讨

（2）举办会议

·业务型会议（在“组织营销学—市场裂变”有详细介绍，此处略）

·经营性会议（在本书“组织建设”章节有详细介绍，此处略）

·聚人型会议

① 融入会（成长分享会）（图4－28）

会议对象：加入不久的新人（未加盟不可参加）。

会议目的：体验公司文化、加速新人的融入。

会议频率：每周或每两周，在店铺、工作室或其他场所进行。

主要内容：

每个成员做成长分享；

主会人做关于市场难点的经验分享（提前准备）。

会议特点＋重点：

轻松愉快，聚餐郊游都是可以的；

提前收集新人在市场遇到的问题，主会人挑重点解决1～2个；

提前策划，重在让新人参与和分享。

② 旅游研讨（图4－29）

会议对象：团队各级有成果的骨干。

会议目的：奖励表彰、加强融入凝聚、放大成员格局。

会议频率：年度1～2次，可分层次进行。

主要内容：

主题会议（全员参加）；

团队（系统）会议（分系统或团队自主举办）；

团队间交替分享（请外团队领导到本团队分享）；

高端晚宴。

会议特点+重点：

及时分享快乐新奇的旅游盛况；

白天旅游，晚上分享；

将当地文化与特点融入会议。

(3) 各类会议总表（表4-4）

表4-4　各类会议表

	针对对象	主要目标/目的	其他价值	工作重点
沙龙会	新人	零售、批发、铺垫	锻炼基层伙伴	会前策划
招商会	重要新人	批发	强化成员信念 传播企业文化	会前策划
启动会/年会	重要新人	批发		会前策划
骨干会	团队骨干	检讨之前目标 制订之后工作计划	培养组织策划能力 凝聚核心、相互 学习提升高度格局	每月例会
核心会	核心骨干			季度例会
战略会	决策层			年度例会
融入会	加盟成员	加速新人融入启动	培养基础骨干	轻松快乐
旅游研讨	达标骨干	激发骨干增加凝聚	感召激励其他成员	轻松快乐

(二) 线上会议

随着时代的进步，通信工具越来越先进，线上会议也变得越来越频繁，线上会议具备“成本低”“时间灵活”“无空间阻隔”等特点，因而越来越受欢迎。

但线上会议也同样存在“信息量小”“链接太弱”等弱点，因此，虽然线上会议可以频繁召开，但很多线下会议的功能是无法通过线上会议来完成的，比如“融入会”是无法在线上举办的，“战略会”“核心会”等会议也是无法在线上举行的。

因此，线上会议的品类并不多，主要有“临时讨论会”及“线上招商会”两种。

小结

十年树木，百年树人。教育工作是个长期的、系统的、科学的工程，作为平台创始人或系统团队长，对于教育的认知会起到决定性的作用。在过去的工作中，我们发现，凡是重视组织教育的平台和公司都深深地扎根于市场，团队稳定，正面积极，反之则难以持久，而是否重视的的标准可以看公司是否愿意组建专职专业的教育班子。

第五章

领袖打造

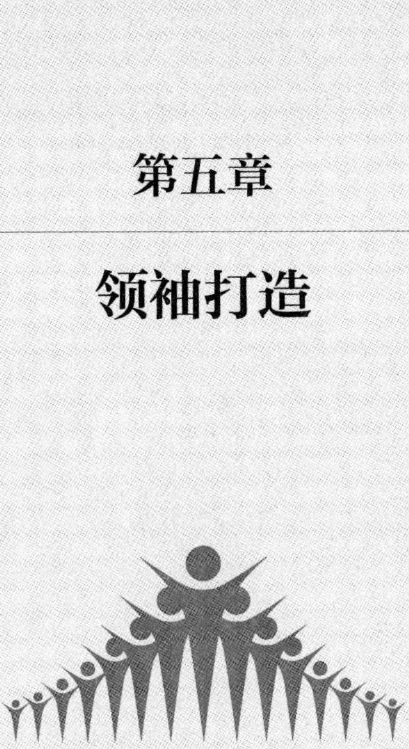

市场领袖身处高位，接受推崇，
但你必须行得端，走得正。

组织营销是一个需要大量领袖的商业模式，也是一个产生大量领袖的商业模式。所谓“英雄重英雄，英雄懂英雄”，一大群市场领袖需要更大的平台领袖来带领，他们才有奋斗的方向，才有学习的榜样。

本章的领袖打造包含了两重意思：一是如何把自己打造成领袖，二是如何把团队成员打造成领袖。古人云“身先足以率人，律己足以服人”，在组织营销这个特别的模式中，我们没有捷径可以走，唯有向自己开刀，以更高的标准要求自己，才能真正赢得人心。这样既净化了自己，又拔高了别人；既获得了物质，更丰满了精神，多赢的局面又何乐而不为呢？

我们该怎样做呢？其实只要按照“做我所学、教我所做”这八个字，事情就变得非常简单了，这是对团队领袖的基本要求，也是最高要求。将自己所学到的理念、心态和方法用好，做出结果，然后再按照自己所做到的经验和方法来教给市场领袖。“学、做、教”是组织营销培养人才的核心逻辑。

一、组织营销市场领袖的定位与职责

本书的某些章节我们将“市场领袖”称为“团队长”，两者同质异名而已，在本章用“市场领袖”会更贴切。

我们在前面的章节里讲过了组织营销的团队特点：自由、感性、职业化程度差。基于这些特点，我们很难用行政权力、制度条款来约束团队成员，最有效的办法就是“引领、引导和带动”。因此不难看出，这个模式需要市场领袖，不论我们是否愿意，这是这个行业的特性。

“市场领袖”不同于“政治领袖”，也不同于“商业领袖”，更不同于“意见领袖”，他们很简单，对他们的要求也没有那么高大上和全面。组织营销市场领袖主要在以下三方面做好，就可以胜任了。

（一）做好表率

市场领袖是团队成员学习的榜样，是大家超越的标杆。他们的存在能让跟随者产生信心，在激烈的竞争和残酷的环境中看到希望。所以，作为市场领袖需要成为市场的榜

样和表率。具体来说，需要在以下两方面展现自己。

1. 业绩的表率

“事实胜于雄辩”，市场业绩的成功可以证明领导人在能力上能承载领袖的身份，同时也确认了领导人的市场经验，提升其话语的分量。

2. 人格的表率

组织营销领域的企业文化都有某些共性，如：感恩、承担、爱心等，作为市场领袖需要去体验和践行这些文化，自然会成为市场团队成员的表率。

（二）凝聚核心

作为市场领袖，他们的工作内容和基层伙伴及中层骨干是不一样的，基层伙伴的主要工作是开展业务，中层骨干的主要工作是带动新人，而市场领袖的主要工作是凝聚核心。

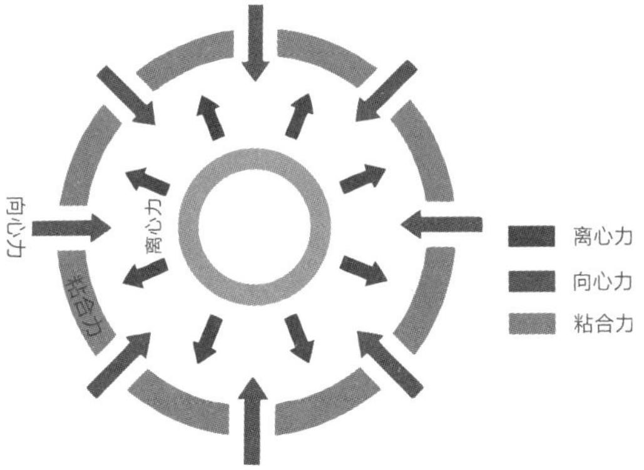

要凝聚核心，首先要了解凝聚力模型，组织凝聚由一个中心和三种力量共同作用组成：一个中心是指由平台公司提供的文化系统（愿景 + 使命 + 价值观）及共同战略目标三种力量分别是向心力、离心力和黏合力。

市场领袖需要在坚守文化系统和战略目标的同时，提升向心力和黏合力，同时减少离心力，方能有效凝聚核心。

1. 成为核心的中心，提升向心力

团队需要凝聚，而市场领袖就是其中的一个凝聚点，需要吸引他的左膀右臂（核心骨干）向他靠拢，建立信任和默契的合作关系。提升向心力需要市场领袖抓好三个重点。

（1）与公司保持相同战略高度，践行公司文化。

（2）提升专业度，让自己的工作有科学的流程和标准。

（3）与核心骨干定期交心，保持思想同频和情感流动。

这三方面的工作都有利于建立与核心之间的信任，只有上下之间建立充分的信任，核心才会放心地把自己交给领袖，从而产生向心力。

2. 黏合“左膀右臂”，提升凝聚力

若要黏合左膀右臂，需要的是提升黏合力，降低离心力。

（1）让左膀右臂在一起。一起学习、一起分享、一起工作、一起玩等，领导人需要重视每一次左右核心的聚会，精心安排，保证大家有好多感受与收获。

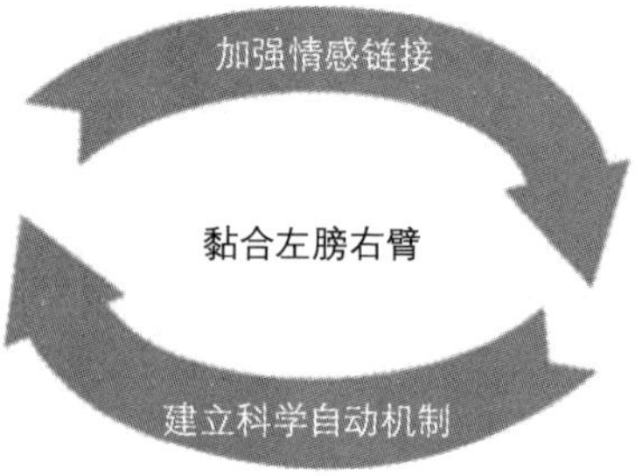

（2）建立核心之间的科学互动机制，减少内耗、降低离心力。具体来讲，需要建立沟通机制和咨询机制，以减少产生误解的概率。

（三）指导市场

作为从市场一线打拼成长起来的市场领袖，对市场的问题和需求了如指掌，加之跟自己的收入有直接的关系，所以指导市场是其责无旁贷的工作。

指导工作可以是通过会议来进行，也可以是到市场一线去考察来进行。市场领袖指导市场的工作包含了“对事”和“对人”两方面(图5－1)。

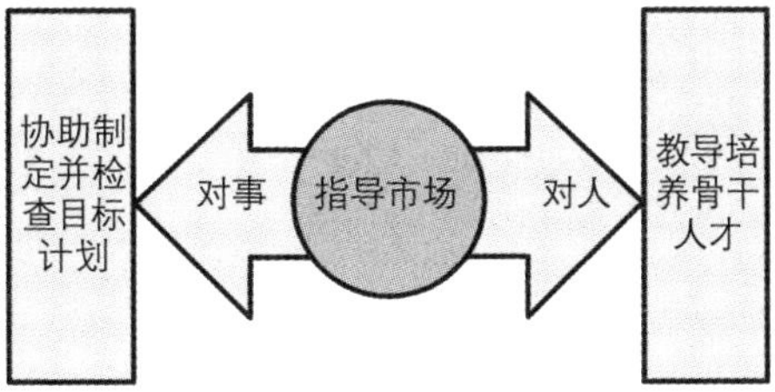

图5－1　指导市场

1. 协助制订并检查目标计划

作为市场的领袖，已经不需要从事基本的业务工作，也不需要直接辅导新人，但市场各个团队的每月目标和计划是必须要亲自去抓的工作，包含了月初的制定、月中的监督、月末的检查。

这个工作一般通过每月的核心会来完成，此项工作也可以通过助理来协助完成（前面章节有讲）。

2. 教导培养骨干人才

发现、教导、培养更多的骨干与市场领袖，是团队壮大的根本，也是市场领袖的本职工作。此项工作可以通过下面三方面来实现。

（1）定期组织骨干或领导力培训，关注并参与进去，批量化培养更多人才。

（2）定期召开核心会议，在会议中教导和培养核心骨干。

（3）通过会议或培训发现好的人才苗子，手把手地教导。

二、树立领袖权威

（一）权威的作用

权威是指“权力”和“威望”，可以产生一种具有支配力、令人自然服从的力量。

人们在生活、工作中处处需要权威，权威可以让人们更有方向感、更有安全感，权威会让人们的工作变得更简单有序，权威也可以让团队更容易产生凝聚力。

在市场上的领袖们需要树立权威，才能更有效地开展工作，但大家往往不知道如何树立权威，不知道权威从哪里来。有的领袖只会以上压下，有的领袖故作强硬，有的领袖又太柔软，总之，大多数的市场领袖找不到准确的定位，所以难以在团队中真正地发挥出自己的作用。

（二）如何树立权威

在组织营销领域的市场领袖，其建立权威的途径有三个，分别是：

行政权威、人格权威和专业权威。同时具备三个权威的领袖就具备了绝对权威（图5－2）。

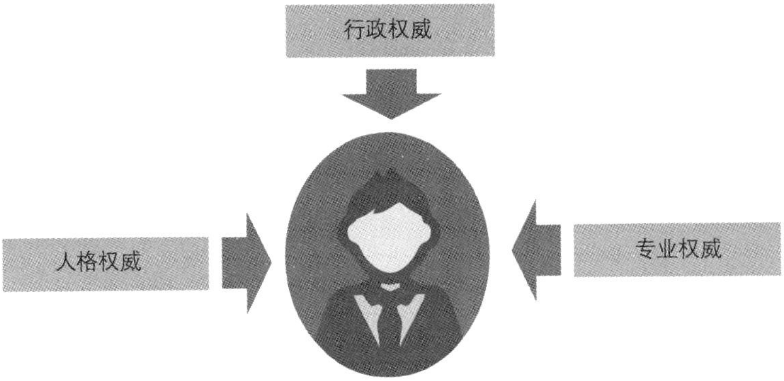

图5－2　绝对权威

1. 行政权威

行政权威是指由大众公选出来并共同授予的权威，或由具备行政权力的机构授予的权威，具备一定的强制力量。

在组织营销领域，因为人人平等，大家只是合作独立企业家的行业特点，市场领袖一般不具备行政权威，只能通过提升自我的人格魅力建立权威或通过自身能力来提升专业权威。

但也有部分平台公司因为建立了扁平化的管理体系，而对部分市场领袖进行了授权（如策略委、发展委等），则这部分领袖具备一定的行政权威。

行政权威是公权，不可滥用，否则会反噬自身。行政权威是空心权威，人们是对这个职位的服从，而不一定是服从坐在这个位置上的某个人，所以，具有行政权威的人对这点要时刻保持清醒。

2. 人格权威

人格是指个体在对人、对事、对己等方面的社会适应中行为上的内部倾向性和心理特征。表现为能力、气质、性格、需要、动机、兴趣、理想、价值观和体质等方面的整合，是具有动力一致性和连续性的自我，是个体在社会化过程中形成的独特的心身组织。整体性、稳定性、独特性和社会性是人格的基本特征。

就组织营销领域的市场领袖来说，人格权威表现在两方面：一是因内在价值体系而展现出来的个人道德体系，与对企业文化的认同度有关。二是因过往积累的人生经验而体现出的气质、能力、性格等个人特质。

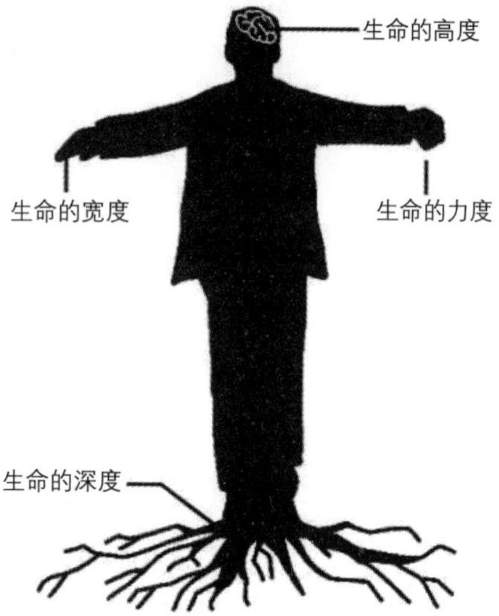

在组织营销领域的市场领袖要提升或展现其人格权威，一般从以下四个方面来成长自己。

（1）生命的高度

随着市场的拓展和团队的裂变，市场领袖需要完成从赚钱到事业的提升、从工作到梦想的提升、从为自己到为他人的提升，也就是完成从物质到精神的升华。

虽然每天所做的工作内容没有改变，但因为定位高度改变了，所以对事业赋予的意义也就不同了，整个人呈现的领袖气质随之也会发生根本性改变。

（2）生命的宽度

简言之，就是领导人学会了更多的包容和理解，提升了换位思考的能力。

世界上大多数的人看问题有两个障碍：一是习惯性从自己的角度出

理解和包容

发，二是习惯性只看事物的一面。

市场领袖在市场的历练和教育中，必须学会用太极的思维来理解世界，用一分为二的方式来看事情，这个世界没有绝对，没有完美。这样的认知才能在相对松散的团队合作中游刃有余，心里能容得下各种类型的合作伙伴，能接受不同的想法和做法，能允许团队成员在工作中试错犯错。

所谓“宰相肚里能撑船”，心里装得下、容得下多少人，才会有多少人跟你干，才能带得动多大的团队。

（3）生命的深度

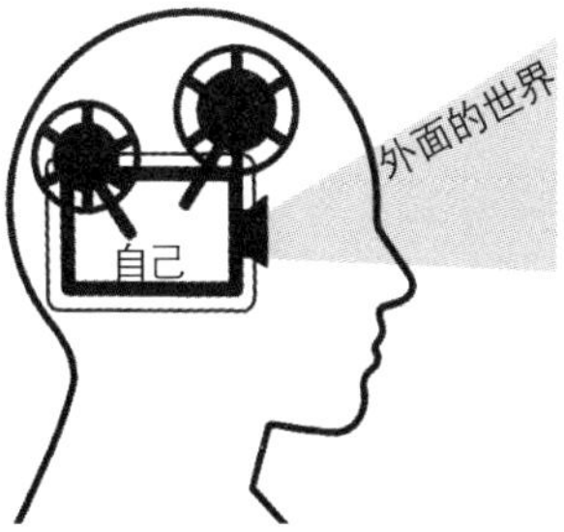

生命的深度指的是“向内求”与“向外求”的差别。向外求是一种托付心态而不是负责任的心态，也就是说将自己的成功与幸福都寄托在外在的人和事身上，如果不成功或不幸福只会抱怨他人。遗憾的是世上绝大多数人的绝大多数时候都是向外求的心理状态。

市场领袖需要在带团队的过程中不断学习和成长，慢慢认知到

“自己才是一切的根源”“千错万错都是自己的错”，这并不是什么鸡汤文字，这是对人生及自然有了深刻的理解后才能悟到的智慧。

这是基于心理学中的“投射原理”，外面的一切都是内心的投射，自己的快乐、成功、幸福都是由自己的认知和标准决定的，想要改变外面的世界，首先从改变自己的认知开始。不论是佛家的“空学”，还是智者王阳明的“心学”都在告诉我们：自己才是一切的根源。

以这样的境界来面对身边的人和事，自然会让团队成员感受到我们的智慧，更能让大家看到我们是一个勇敢的责任者，从而展现出领袖的权威。

（4）生命的力度

同样都是生命，某些生命能影响另一些生命，反之则很难，这是因为，不同的生命的影响力不同。作为组织营销的市场领袖，其生命影响力越大，人格魅力自然就越大。

人终其一生都在探寻生命的意义和价值。古往今来无数的哲圣先贤告诉我们：生命是无色的，你赋予它什么颜色，它就是什么颜色，你赋予它什么意义，它就有什么意义。

组织营销领域的每一家平台公司，都有很好的文化理念，包含了愿景使命和价值观，如果市场领袖能够接受这些理念，并认真践行，那么其生命的力量就从“赚钱级”能量强化到了“使命级”的能量，生命的力度自然成倍增加了。

3. 专业权威

袁隆平是杂交水稻专家、杨振宁是物理学家，他们在各自的领域有绝对的权威和话语权，他们都是专业权威。

在组织营销领域的领袖也可以通过某一方面的专业素养成为专业权威，也就是通过专业度来提升自己在团队中的话语权。一般来说，市场领袖可以通过以下三方面来提升自己的专业度。

（1）产品理论

一方面是能够熟悉掌握产品的生产、使用及疑难解答，另一方面是对产品背后的理论知识深度掌握，运用自如，并且能在市场团队做产品及理论培训。

（2）市场运作

熟练从引流到启动新人的整个业务流程，熟练掌握包括“一对一”“ABC”“沙龙会”“招商会”在内的各种业务手段，并取得了丰硕的成果，能在团队做高品质的业务培训。

（3）团队管理

对组织策划工作得心应手，能紧盯目标计划，不达目标誓不罢休；善于沟通、凝聚人心，善于识人用人，能教导、复制人才。

小结

市场需要权威、团队成员需要权威领袖，市场领袖需要在工作中使自己成长。把工作当作修行，实现物质精神双丰收，这是组织营销最大的价值！

三、领袖特质

不同领域的领袖需要具备不同的特质和能力，例如中科院课题组提出的领导力包含的五力模型，包括感召力、前瞻力、决断力、控制力、影响力；再如北京大学汇丰商学院提出的构成领导力的六种能力，即“六维领导力”模型，包括持续成长的学习力、多谋善断的决策力、整合资源的组织力、带队育人的教导力、达成绩效的推行力、凝聚人心的感召力，这些理论都具备相对系统的科学性。

但是，组织营销领域的团队具备感性、自由、非职业等特点，因此，对领导人的要求并不会像其他领域的领导人一样要求那么高，一是在这个领域的领导人难以达到这样的高标准，二是在市场实际上也不需要这样高标准的领导人。

根据行业的特性与需求，我们提出了组织营销领域领袖必备的“四大特质”和“五大能力”模型（图 5－3）。

图5－3　领袖必备的“四大特质”和“五大能力”模型

（一）高端定位

1. 什么是“高端定位”

高端定位是指我们站在更高的人生位置来看待我们的生命和事业，会让我们做出不同的决定而得到不同的人生结果。

比如：别人定位月收入5万，而你定位月入10万，你收入的定位比别人高；别人的定位是要赚钱，你的定位是传播健康，你思想境界的定位比别人高；别人说工作是为了养家，你对工作的定位是实现使命，你工作目标的定位比别人高。

2. 高端定位的价值

为什么市场领袖一定需要高端定位？主要有以下三个原因。

（1）不同的定位高度决定了不同的结果

一个人所站的高度不同，那么他所看到的世界就不同，因为对世界的认知不同，会导致他的决策跟过去不同，自然他的行为跟过去也会变得不一样，这样直接导致不同的人生结果。

正如我们仰头看一棵在地面上的参天大树，会感觉它高大伟岸；如果我们站在十楼再看它就会觉得很普通了；如果我们在飞机上看这棵树就会发现它像一棵小草；而如果我们到月球上，会看到地球也只是一个盘子大小，更不要说这棵参天大树了。再如果，我们去到太阳系外面，会发现太阳只是一个星星，地球以及地球上的参天大树已经看不到了。再如果我们在银河系外面去看，会发现太阳只是银河系里面的一粒小小尘埃，更何况地球和那棵参天大树了！

当地球都成为“尘埃”的时候，我们的那些烦恼事还是事吗？我们自然能放下很多的困惑和杂念。我们会发现，人生的大多数事情是不需要去解决的，因为它本来就“不是事”。

因此，提高市场领袖的高度可以减少大家纠结在无意义的事上的时间，可以减少因彼此间的计较而产生的团队内耗，也可以帮助领导将注意力和焦点专注在自己的目标上面。

这就是：高度决定认知，认知决定决策，决策决定结果。

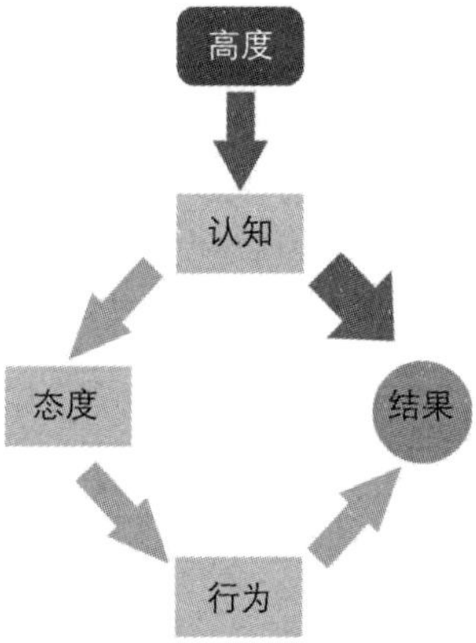

市场领袖的高度决定他在市场和团队运作中的决策，自然也就会影响他所带领的团队的每一个成员。

（2）人们只追随他仰视的人

人与人在彼此的互动中总会先审视对方，而审视的视角总的说来有三种：一种是平视，一种是俯视，还有一种是仰视。我们习惯地会与平视的人平等沟通，相互平等合作；我们也会去照顾或帮助俯视的对象，也会去理解他们；但是，这两种视角的人我们不可能去追随他们。诗经云：高山仰止，景行行止；司马迁又说：虽不能至，心向往之。意思是说：高尚品德如巍巍高山让人仰慕，光明言行似通天大道使人遵循。虽然不能达到这样的境界，但心里也知道了努力的方向，由此可知人们只会追随他仰视的人。

所以，我们要清楚地明白：团队成员不会因为你比他早参与就认你为领导，就会听你的；同样，他们不会因为你业绩大而听你的，也不会因为你口才好而服从你，人们只会因为“仰视你”并且“信任你”而服从你。

遗憾的是，在组织营销领域里面的大多数市场领袖并不了解这个核心点。他们大都认为“我在你的前面，我就是你的领导，你就必须要听我的，不然就是不够感恩”。这些领导人不去系统地学习如何做领导，不清楚自己的定位和职责，也缺少使命感和责任感，在工作中站在错误的位置，用错误的方式、情绪化地命令团队成员，这样的领导人不在少数。所以大多数的团队都被领导带成了一盘散沙。

因此，市场领袖通过学习等方式来提高自己的定位，是引领团队伙伴紧密跟随的不二之选。

（3）站得高才能看得远、看得清方向

激烈的市场如同没有硝烟的战场，充满了机遇和挑战，也充满了诱惑和陷阱。作为市场领袖，如果方向把握不好，或选择错误，很容易将团队带入万劫不复的境地。因此站得高、看得清，不迷茫是对市场领袖的要求。

这就好像看手机里的地图一样，当我们将地图缩小的时候，会看清楚全国的路网，我们能清楚地看到去北京的最佳路径，而不会因为沿途线路和街区过多而迷茫，从而浪费时间和精力。

所以，领导人通过自我修炼来提高自己的高度，非常有助于正确地带领团队方向。

3. 提升领袖定位高度的方法

我们知道高端定位对市场领袖的重要性，但市场领袖需要怎样做才能提高自己的高度呢？在实际工作中有很多方法。

（1）深度解读公司战略

一个公司的战略，一定是在时间维度和空间维度远远超越团队成员的认知范畴，所以，平台企业的战略本身就具备超强的引领作用，可以令团队成员提升定位的高度。

战略不清晰，不完善
认为战略只是高层的事
公司缺乏战略定力

但有很多平台公司忽略了这种力量，或者说是没有运用好这种力量，主要有以下几个原因。

第一个原因是很多创始人认为战略是高层的事情，其他成员跟着干就可以了。其实这是非常大的误区。首先，平台上的每个合作成员都是成年人，只要认真解读，他们完全能够理解公司的战略；其次，理解了战略才能更好地配合公司、更好地融入公司，从而提升成员高度，减少误会和内耗。

第二个原因是公司战略不清晰，主要是缺少明确的公司文化及根据使命而制定的战略步骤。很多公司只有业绩目标而从不考虑公司文化和战略步骤，从而导致创始团队没有办法宣讲公司战略，就算讲也是很模糊，所以无法让公司和战略起到引领的作用。

第三个原因是有些公司缺乏战略定力。本来公司已经有了战略，但是很容易被某些新鲜的言论和思想影响，导致经常讨论战略，经常改变战略，自然就弱化了战略的影响力。

（2）认真践行公司使命

除了平台公司的战略感召，使命的感召也能对团队成员的定位起到强烈的拔高作用。使命是说清楚“为了谁的什么利益而全力以赴”这件事的，所以使命具备超越金钱的精神力量。

如果要让平台公司的使命起到引领拔高高度的作用，“玩真的”是发力的核心点。也就是需要创始团队及市场领袖们共同认真践行公司使命，而不是把使命作为挂在墙上的装饰品，也不是挂在嘴上的口头禅。

只有这样，市场领袖才会认同公司使命，同时也自然提高了定位。

（3）通过培训学习提高认知

很多时候，改变一个人的也许是某个人的一句话，或是经历了某一件事，也许是参加了一场聚会，或是读到了某一本书，但是，更有可能的是参加了一场高品质的培训。有专业的老师，通过科学系统的授课，能够让参训者在轻松快乐的课程氛围中不知不觉地提升自己。

提高认知

作为笔者的我就非常受益于人生中关键的几次学习，让我开始觉醒、提升认知；并且在我多年专业的授课生涯中，也唤醒了无数的生命，重启了他们崭新的人生。

在培训中，有很多元素都能有效地帮助参训者提升定位，如深刻的体验活动、讲师的分析和演绎、参训同学的分享等，都是非常有效的手段。

所以举办高品质的线下培训是组织营销领域的日常业务活动。

（二）热切渴望

1. 热切渴望的力量

就像即将渴死的人对水的渴望，也像溺水之人对空气的渴望，这种渴望充满力量，无法阻挡，这就是热切渴望。

热切渴望也叫“愿力”，即愿望所产生的力量。世界上无数的成功人士之所以能在不断的失败和挑战中获得成功，愿力就是成功的内核，是成功的种子。

愿力只跟愿意利益他人的人有关，也就是说：所有的发愿都是为了利益他人。一个自私的人是不可能在内心里产生愿力的。

一个人的愿力强不强，主要是看愿力的力度和恒心，跟他的发愿以及发愿时的状态没有关系。有人发了愿，但是不用真心去付出、去执行，或者在执行中又随意放弃改变，这样的发愿是没有意义的。

真心发愿利益他人本来是一件好事情，但是因为没有去做，反而成为我们的缺陷。

2. 企业如何运用愿望的力量

在组织营销领域中，每个平台都有自己的愿景使命等文化内涵，从本质上来讲，这些就是一个企业平台的发愿，所以，企业在各种场合宣讲、通过各种方式传播都非常重要，但如果只是停留于宣讲与传播，则没有任何意义，甚至是适得其反；反之，如果企业认真去践行，那一定是能量满满，追随者众！

如何运用热切渴望的力量，具体来说，有以下两点。

（1）将使命转化成战略

我们在前面讲过，所谓使命就是“一件事”——为了谁的什么利益而全力以赴。在实际的工作中，我们不但要解读清楚这件事，还需要将使命转化分解成企业战略，包含“将愿景数字化”“制定阶段性的战略步骤”“战略宣讲”（让每个成员都理解和接受）等几个重要的措施。

（2）将价值观转化成制度和规则

核心价值观是企业行为准则，对企业实现使命和战略目标起保驾护航的作用。但如果只是停留在宣讲层面就显得非常空洞，所以，根据企业价值观来制定企业的各项规章制度、奖惩措施，就会将企业的文化融入日常细节中，同时也会让所有团队成员的行为围绕价值观而行动。

3. 市场领袖如何运用愿望的力量

在多年的组织营销领袖培训中，大多数市场领袖都有很大的梦想和使命，讲起来都是满含热泪，喊起来都是唾沫横飞，但很少有人能真的实现。多次观察总结后，我们发现大多数人只是一时兴起喊喊而已，也有一部分人是真的要，但缺少具体的落地实施。所以，对市场领袖而言，如果真的是“热切渴望”，则需要：

① 制订可实施的落地方案；

② 持续不断地行动，修正，再行动。

（三）坚定信念

1. 坚定信念的价值

成功不是条件有多好，而是信念有多强。带团队就是带信念，所有的培训都是以强化信念为第一目标。因此，信念具有重要的作用。

作为团队领袖，我们不但需要建立信念，更需要坚定信念，主要有以下两个原因。

（1）定能生信

市场总是充满了挑战、充满了诱惑、充满了变数，客户的拒绝、朋友的怀疑、家人的反对，这些都会让团队成员产生无力感和不安感，他们需要鼓励，尤其需要领袖的榜样作用。

内心信念坚定的领袖能带给跟随者安全感，让大家也心生信心；反之，内心不定的团队领导会让团队成员心生疑窦，一有风吹草动就随时准备离开。因此，坚定信念是市场领袖的必备特质。

（2）定能生慧

所有对佛学有所了解的人都知道初学佛者必学的三种基础学业是戒定慧，其中就包含了“定能生慧”。

不论我们看《辞海》还是各种词典，对智慧的解释都是很难理解的。这里我们用生活中简单的语言来解释：能够透过现象看到本质，找到事物发展规律并能运用规律的能力，就是智慧。

一棵大树活了千年，它经历过无数的日升日落和寒来暑往，它看惯了世事变迁和缘聚缘散，它的根深深扎入泥土，不论风吹雨打，它都岿然不动，就算狂风暴雨来了，它顶多是乘机放下一些多余的枯枝败叶。为什么人们要去敬畏这样的一棵树，因为人们相信它在经历了这一切以后一定凝聚了智慧的能量。

而一张小纸片在空中随风飘扬，它虽然也经历很多、见识不少，但它始终无法让那颗激荡的心安定下来，所以它的人生永远被外界的境遇变化所控制，永远被他人的言语影响，无法开启真正的智慧。

这样的一棵树和一张纸，就像市场领袖的两个成长方向，有些领袖修成了一棵树，有些则混成了一张小纸片。

因此，坚守自己的选择，坚定自己的信念，不但是引领团队成员的优良特质，并且还是市场领袖的自我修炼之道。

2. 怎样才能坚定信念

案例

北宋文豪苏东坡笃信佛教，号东坡居士。

有一天，苏东坡在参佛时灵感来了，写了一首五言诗偈：

稽首天中天，毫光照大千；

八风吹不动，端坐紫金莲。

他自感得意，认为这首颇具修持功夫的创作，如果让好友佛印禅师看到，一定会称赞自己，就赶紧派书童过江，专程送给佛印禅师去欣赏印证。谁知佛印看后，一笑，略一沉吟，只批了两个字，便交给书童原封带回了。

苏东坡在期待中接回“佳音”，本以为禅师会赞叹一番，急忙打开一看，只见上写“放屁”两个大字。

苏东坡随即备船过江，亲自到金山寺去找佛印禅师兴师问罪。直奔西山寺，却见禅堂紧闭，门上贴着一张纸条，写的是“八风吹不动，一屁打过江”。苏东坡到此才恍然大悟，惭愧不已！

有很多市场领袖说，这个道理我们都知道，但我要怎样才能让自己信念坚定呢？

（1）对自己和所做的事深刻的客观的认知

如果一个人对自己的容颜有客观的认知，那么他就不会因为别人说他丑而生气，也不会因为别人夸他漂亮而狂喜（虽然心里还是喜悦的），这样的人是成熟的。

同样，如果一个人对自己从事的事业也有了深刻的认知，知道了事业的社会价值和个人价值，同时也客观地审视自己，认知到自己的不足之处，以及不被接受的原因，那么就不会因为别人的误解而生气，也不会因为别人的认可而得意忘形。我们可以面带微笑，向对方说谢谢，但在心里告诉自己：我知道我是谁，我知道我在干什么。

这样，外界的事件和言语对我们的影响自然就不重要了。

（2）为未来做充分的心理准备

如果我们去爬家门口的小山，不需要任何准备，马上就能做决定，但也极有可能因为一件小事而放弃。

如果我们去登一座名山，就会做出更多的准备：时间、游伴、游玩项目计划等，一般的小事就不会影响我们的出行了。但如果出现一些稍微大一点的障碍，如大雨、重要会议等，还是很有可能让我们放弃行程。

如果我们准备去攀登珠峰，则我们会做出更多的准备：体能训练、登山知识、加入专业团队等，我们绝不会因为一件小事，甚至是自然灾害、重要会议等受到影响，因为我们在决定登珠峰时已经做好了克服一切艰难险阻的准备。

任何一个有感召力的领袖都有远大的梦想和热切的渴望，而根据自然的规律，要实现这样的梦想和使命却又不是一帆风顺的，并且往往是追求越大挑战也就越大。有些市场领袖是只想要实现梦想，却从未思考过“愿意为梦想付出多少代价”，因此当困难和挑战出现时，多数人就放弃了。

所以，如果你是认真的，那就拿出纸和笔，将你有可能遇到的困难和挑战通通写下来，做好充分的准备，一定有助于你坚定信念。

（3）允许自己，心去能回

信念不是凭空坚定起来的，我们刚刚开始的时候根本就没有信念。所有的信念都是在打击和诱惑中，经过不断的成熟和考验才坚定起来的。

有时候，我们也会因为一些外在因素的影响而怀疑、踌躇，甚至想放弃，其实这是正常的现象，每一个人都会发生这样的现象，尤其是我们在运作初期，对行业、产品、公司等了解不够深入时最容易让心跑掉。这个时候，只要坚持在团队环境里，再次客观地去了解我们的事业，你的心一定还会回来的。

不用自责，因为“心跑掉了又再回来的过程就是我们修行的过程！”也就是我们的信念变得坚定的过程。

（四）勇于承担

1. 勇于承担对于市场领袖的意义

人人都知道“天下兴亡，匹夫有责”的道理，也都知道“能力越大，责任越大”的基本逻辑。作为市场领袖来说，要更清楚勇于承担的重要性。

勇于承担的领袖才值得团队成员的信任与追随。

勇于承担的领袖才会在压力和苦难中真正顿悟。

2. 怎样做才算承担

勇于承担确实比较抽象，做起来比较模糊，以下几点是勇于承担的市场领袖需要做到的。

（1）永远正面积极

所谓承担是讲我们要面对的主要是艰难困苦或者是所谓的“消极负面”，在这样的情况下，能够保持积极的乐观主义精神就是勇于承担的表现。

正面积极并不是自我麻醉的“阿 Q”精神，作为一名成熟智慧的领导人，应该能客观地看到万事万物都有积极和消极两面，都有正面和负面两面，主动“选择”正面的积极的。

当然，这并不容易做到，需要我们

在起伏的市场中不断练习，养成积极正面的思考习惯。

（2）勇于认错和改变

是否承担的最直接的表现就是认错，就像我们小时候犯了错，父母就算是打也要打到我们认错，其目的就是让我们学会认错。遗憾的是当我们成年后会因为面子或内心能量不够等原因，不敢认错，没有父母再来责罚我们，但生活代替了父母的责罚。

真正的市场领袖应具备起码的客观认知：人人都会犯错，自己也不例外，过去、现在、未来，我们都会犯错，错了就勇敢承认。这样的领导人有担当、有未来，才真正值得追随。

（3）责任是自己的，功劳是别人的

在市场上有这样两类领导人：一类是不断表白自己的付出和功劳，看到荣誉和利益就去争抢，遇到责任就后退，相信大家见得不少，你会追随这样的领导人吗？

还有一类，在公司表彰会上领奖时，总是不断地感恩，感恩公司、感恩平台、感恩推荐老师、感恩核心伙伴、感恩每一个人；但一旦遇到各种挑战和困难，他们总是冲在第一线去解决问题处理善后。完全体现了“责任是自己的，功劳是别人的”这个基本原理。

小结

领袖的四大特质并不是马上就能做到的，需要长期的坚持和练习才能慢慢养成，需要信心和耐心。现在还不是完全具备，并不代表我们不能成为市场领导人，毕竟这些特质需要在实际工作中才能真正得到磨炼。我们都是学而知之而非生而知之，相信自己！

四、领导能力

一个人是否能获得成功，能力并不是排在第一位的，最重要的是他的认知以及因他的认知而确定的定位高度和心中的格局。但是，我们并不是说能力不重要，确定了人生定位，自然就得具备与之相匹配的能力。

因此，市场领袖除了具备四大特质以外，还需要在工作中不断提升自己的领导能力。

领导能力包含的面很宽，对不同领域的领导人的要求也并不完全相同，不可能也没有必要完全具备。但对于组织营销领域里的市场领袖来说，以下五个领导能力是必须具备的，否则，将难以胜任工作（图5－4）。

图5－4　领导能力

（一）感召能力

组织营销的特点是不断将消费者转化成为经营者，不断地裂变和倍增，以达到壮大销售队伍、产生业绩增长的目的。

基于这个特点，市场领袖的工作除了销售产品等基本业务外，还需要负责新人的转化、启动、培养等一系列的工作内容，而这一切的工作，都需要市场领袖具备一定的感召能力。

一个具有感召力的领导者，是一个团队的的核心，是团队中每个人效仿的对象；一个具有感召力的领导者，可鼓舞团队中每个人的士气，充分调动个人所长，发挥每个人的主观能动性；一个具有感召力的领导者，可有效影响整个团队的发展。

什么是感召力？

感召力分为权力性感召力和非权力性感召力（图 5 –5）。

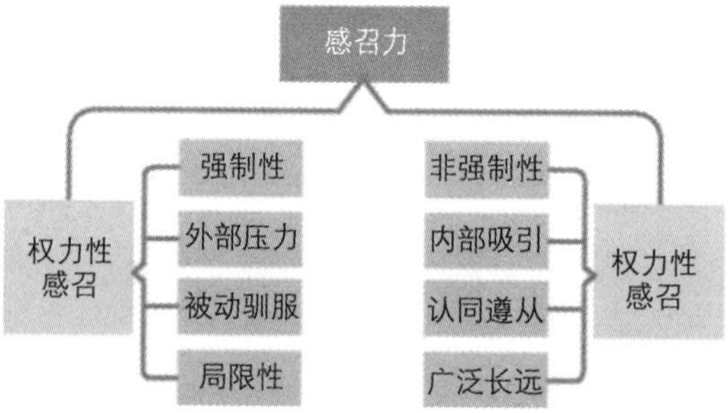

图 5 –5　感召力

权力性感召力指的是由组织赋予的在领导者实行之前就已经获得的、要使被领导者服从的影响力，这是一种强制性的影响力。这种感召力带有强迫性，以外部压力的形式来发生作用。在它的作用下，被影响者的心理与行为主要表现为被动和服从。因此，这种影响力对人的心理和行为的激励作用是有局限性的。

非权力性感召力指的是除社会分工之外，完全由领导自身素质所产生的感召力。非权力性感召力不带有强制性，并且有稳定、广泛、长远的影响作用。它来源于领导者的威信、毅力、经验和才能，潜移默化地作用于被领导者的工作和生活之中，其目的仍然是实现领导者与被领导者思想意识和行为准则的相对一致。“其身正，不令而行，其身不正，虽令不从”，非权力性感召力的有效性与权威性，在一定程度上起着决定性作用。

很显然，在组织营销领域，团队成员需要的是非权力性感召力。

那么，市场领袖该从哪些方面成长和改变才能让自己提升感召力呢？

1. 提升个人魅力

非常明显，感召力和个人魅力密不可分，我们甚至可以说“个人魅力就是感召力的魂”。但是究竟什么是个人魅力？个人魅力该如何养成？这些问题是没有标准答案的，甚至是公说公有理婆说婆有理的。

但是，在组织营销领域的领袖魅力，是有一定规律和共性的。

（1）具有“领袖四大特质”的领袖是具有个人魅力的。“高端定位”“热切渴望”“坚定信念”“勇于承担”，真正具备这四个特质需要长时间花大力气去雕琢打磨自己才有可能具备。

（2）具备一定的专业素养，也是个人魅力的重要组成部分。例如：如何召开核心会、如何沟通与聆听、如何设定并实现目标等，这些基本专业素养可以提升我们的工作效率，也可以令跟随我们的骨干成员更有信心。

2. 销售梦想的能力

对于梦想或战略的描述和销售能力（现今多表述为讲故事的能力），是一个领导人具备感召力的具体体现。

梦想和战略本来是务虚的，是无法具体呈现的抽象概念。但具有强烈感召力的市场领袖或将之分析得有理有据，让人感到达成梦想犹如探囊取物；或将之描述得很有画面感，让人感到梦想就在眼前，可以轻松实现，从而心生信心，愿意追随。

（二）教导能力

教导能力，顾名思义就是“教育”和“引导”的能力。

组织营销是一个成员进出不断变化、相对比较松散的组织关系，其营销团队成员思想涣散、言行杂乱，难以形成凝聚力和战斗力，所以，“教育”“引导”是和拓展业务同等重要的工作。市场领袖除了发展市场，还必须肩负起对团队成员教导的工作，因此，提升市场领袖的教导能力也就势在必行了。

1. 教导内容

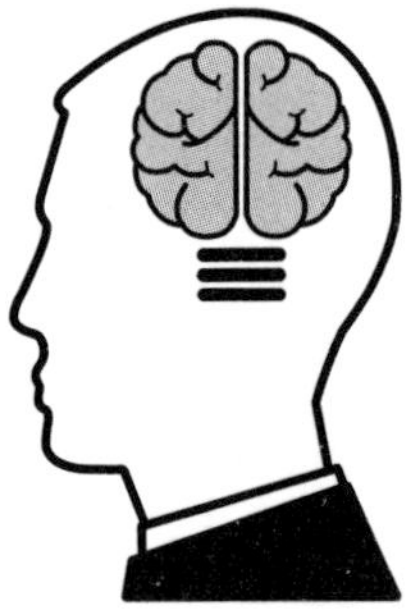

（1）观念层面

观念是指一个人对人、对事、对物的看法，也就是一个人的认知。团队成员由于在加入平台公司之前的受教育程度及人生经历各不相同，自然每个人对平台、对事业、对团队的看法也各不相同，所以需要在工作中相对统一，这样就需要团队领袖的教导能力了。

（2）意识层面

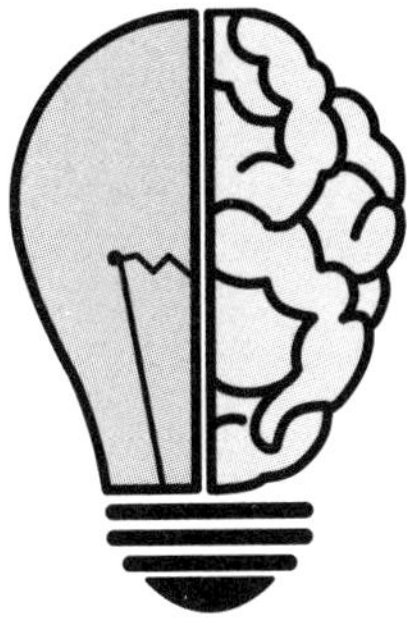

在市场上，很多执行力障碍的产生都来自意识层面，例如：人留不住、团队缺少人才、工作杂乱无章等。这些障碍往往都不是由于能力差而导致的问题，而是由于市场领袖没有意识到“留人的意识、人才意识、系统意识”这些工作的重要性而导致的障碍。

因此，在日常培训和会议中强化这些意识，也是教导的内容。

（3）心态层面

对心态层面的教导是为了解决团队成员工作意愿度的问题，一般来说，在组织营销领域需要经常调整和强化以下八个方面的心态：学习心态、坚持心态、积极心态、感恩心态、包容心态、付出心态、平常心态、归零心态。

（4）行为层面

对行为层面的教导分为两方面。

一个是业务技能方面的言行。工作流程需要统一、宣讲方式及内容需要统一等。这些都需要通过培训或会议来教导培训。

另一个是团队里的言行规范。哪些能做、哪些不能做、哪些能讲、哪些不能讲，需要教导大家的言行有规则、有规矩。这样既能减少内耗，还能增加团队的凝聚力，并且能够减少人员流失和负面舆论。

2. 教导方式

前面我们了解了需要对团队成员教导的内容，而其实教导的方式方法更重要，爱自己要有知识，爱别人要讲方法，没有方法的爱反而是伤害。

（1）言传

人们不愿意听道理而愿意听故事，所以一个合格的市场领袖需要不断提升讲故事的能力，还需要不断积累更多的故事，如历史故事、寓言故事、哲理故事、自己的故事、市场榜样的故事、市场领袖的故事等。

除了讲故事，用比喻的方式也能快速地让团队伙伴理解我们要表达的意思。

（2）身教

古语讲，言传不如身教。别人不是听你说什么，而是看你怎么做。

案例

清朝年间，中国与国外的交往越来越密切，到中国的外国人越来越多。外国人对中国最感兴趣的是中国人拿筷子吃饭、吃面条和水饺，便建议李鸿章教他们吃水饺和面条，李鸿章答应了。

中午，众人围成一桌，李鸿章拿起桌上的筷子在碗里夹了一个水饺就往嘴里放，满意地点了点头。外国朋友看在眼里记在心里，同时也按照李鸿章的动作吃了一个水饺。当李鸿章夹第二个水饺时，不慎将水饺掉进了酒杯里，李鸿章赶忙将水饺夹出来，轻轻甩了一下，放进嘴里吃了。之后，便发现每一个外国朋友与李鸿章一样，将水饺放进酒杯里，然后再夹出来，放进嘴里，一边吃着一边还满意地点了点头。李鸿章看着不禁想笑，但碍于礼节没有笑出来。

几个水饺很快吃完了。李鸿章喊了一声："上面！"不多工夫，几碗面条上桌了。李鸿章开始教这些外国朋友吃面条。李鸿章一边吃面条，一边想着刚才这些外国朋友吃水饺的滑稽样，突然"扑哧"一声笑了出来。这一笑不要紧，面条从鼻孔里冲出来了，吓得这些外国朋友面面相觑，一个个都没敢吃，心想，水饺蘸红酒这么难吃我们都忍了，这吃面条的难度系数也太大了吧。

市场领袖是团队成员的榜样，其做法就是对他人的教法，市场领袖如果做错了，将带着大家全部做错。

不论是业务流程、业务动作，还是日常的行为规范，这些都需要市场领袖严格地要求自己。这个过程并不容易，但时间久了会促使市场领袖具备真正的领袖范。

（3）境教

传统文化启蒙教材《三字经》里有这样一句：昔孟母，择邻处。我们每个人都听过孟母三迁的故事，其实讲的就是境教的原理。所谓言传不如身教，身教不如境教。好的环境可以让坏人变成好人，而坏的环境可以让好人变成坏人。

因此，作为市场领袖，在团队里创造宣导维持正面积极、学习感恩的环境，可以让我们的教导能力起到事半功倍的效果。

（三）组织能力

组织能力是指领导人组织人们完成组织目标的能力，它是领导者成功有效地完成组织目标的特征。良好的组织能力是市场领袖完成工作的保证。

市场领袖的组织能力需要从以下三个方面来提升。

1. 学会运用平台公司文化来提升凝聚力

企业文化是组织建设的魂，是整个组织的凝聚点。没有企业文化或不懂运用企业文化会让整个组织师出无名，自然难以组织起来。

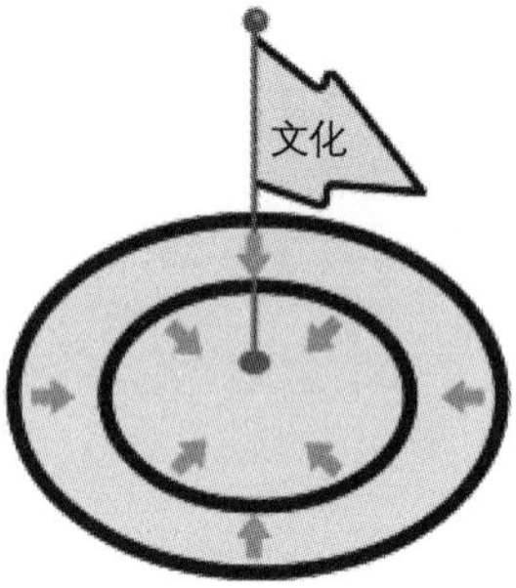

2. 学会组织召开核心会议

召开核心会既是组织能力的具体体现，也是提升市场领袖组织能力的有效方式。在核心会中可以明确组织目标、分解目标、检查目标，有效完成这一系列的动作也是组织能力的一部分。

在核心会中的分工、布局、配合、协调、凝聚等会议内容都是在考验主会领导是否具备组织能力。

3. 学会授权

在整个组织营销领域中，授权分工一直都是大难题。主要有以下两个原因：一个是市场领袖怕输的心态，也就是输不起，总认为团队成员能力不行，或者没有经验，于是每次遇到问题都是自己来处理，于是变成了大家口中的“老母鸡”。另一个就是领导人缺少组织能力，不知道怎样

授权。

要学会授权需要在以下几点提升自己。

（1）授权前了解。在授权前先了解授权对象对即将授权的项目的掌握程度，而不是盲目授权。

（2）授权时相信。要授权就要百分之百地信任，相信授权对象有意愿搞好，也有能力搞好。

（3）能承受最坏结果。任何人都有可能犯错，所以在授权前就要做好准备，就算被授权对象把事情搞砸了，也能接受这个结果而不会怨天尤人。

（四）学习能力

学习不但是一种态度，更重要的是，学习还是一项非常重要的能力，愿意学习还需要会学习。

在整个组织营销领域里，学习一直是老生成谈的话题。在此介绍几种学习方式。

1. 主动学

组织营销的市场领袖一定能明白学习的重要性，所以主动学习是学习力的前提。

2. 系统学

现在是碎片化的时代，在移动互联网的深刻影响下，我们的时间变得碎片化，知识也变得碎片化了。打开手机我们能搜索到几乎关系到生活和工作的任何一方面的资讯和知识，这种状况貌似我们什么都知道了，但其实因为内容讲得都语焉不详，学得也是一知半解。因此，一个市场领袖需要够系统、够深入、够全面地系统化地学习。

就像此刻您正在看的这本书，这就是系统化学习。

3. 重复学

失败是成功之母，重复是学习之母！

案例

德国著名记忆心理学家艾宾浩斯曾对记无意义音节的方法进行过研究。他发现，熟记之后仅过一个小时，就忘记了56%，两天后又忘记了16%，此后遗忘的速度就大幅度放慢，6天后虽然还有遗忘，但仅继续遗忘3%，这就是我们俗称的遗忘周期。因此，重复学习是加深记忆的有效方法。

在学习后，将学习到的内容应用一段时间后再来学习，我们会发现，对同样的内容的理解会更加深刻。再来一次，又会有不同的理解。

因此，我们得出经验，重复学习是提升学习力的有效手段。

4. 边学边用

对于成年人来说，学习的目的不是为了只是知道，而是为了做到。正所谓学以致用，所以“边学边用”“用了再学”也是市场领袖的重要学习方式。

（五）沟通能力

沟通力就相当于凝聚力！沟通的重要性不需多言。很多市场领袖并没有因为知道沟通的重要性而自动提升沟通能力，所以提升沟通能力仍然是市场领袖的当务之急。就我们多年的观察来看，多数的市场领袖沟通的障碍点还是很有共性的。

1. 聆听换位

在团队的沟通中，我们发现市场领导人主要的问题在于太多的“我”本位，因而在沟通中“说”得太多，以为多说就是沟通。这是非常普遍又是非常严重的问题。

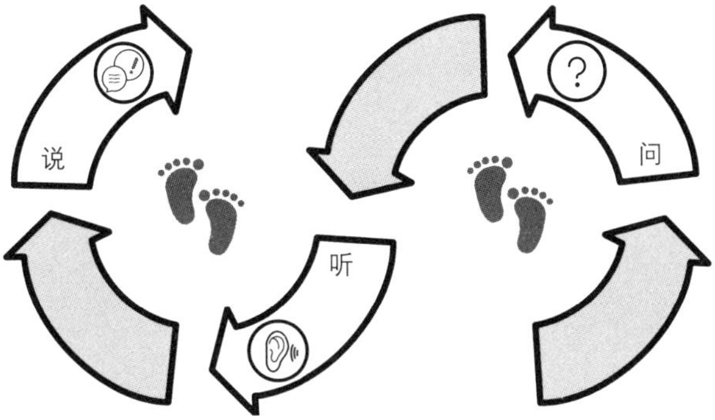

实际上，高效的沟通包含了“问”“听”“说”三个动作。

（1）问

所谓的“问对问题赚大钱”就是这个意思。沟通的目标是达成共识建立合作，而绝不是为了讲得痛快，所以换位思考是沟通成功的前提，提问就是换位的具体体现。

“问”还需要“会问”。开放式问句是会问的重要方式。开放式提问是指提出比较概括、广泛、范围较大的问题，对回答的内容限制不严格，给对方以充分自由发挥的余地。开放式问题常常运用包括“什么”“怎么”“为什么”等词在内的语句发问。让对方对有关的问题、事件给予较为详细的反应，而不是仅仅以“是”或“不是”等几个简单的词来回答。这样的问题是引起对方话题的一种方式，使对方能更多地讲出有关情况、想法、情绪等。

开放式提问常用于沟通的开头，可缩短双方心理、情感距离。

提问就是在掌握谈话的方向。当我们需要将话题转向我们需要的内容时，只需要一个问题就能自然地改变谈话的内容。

（2）听

“聆听者”才是谈话双方中的“掌控者”。一场沟通活动中掌握决定权的一般不是说得多的人，而往往是听得多的人，因此我们不但要听，还需要多听，更需要聆听。

听

聆听不是一般的听，聆听是带着同理心去听，换位思考地去听，这样我们才能感受到对方的情绪、对方的需求、对方话里的话，这样才会跟对方建立深刻的信任，从而有利于达成共识。

（3）说

俗话说：一言不重，千言无用。就是告诉我们说话无需太多，但一定讲到重点上。

如果前面的“问”和“听”的功夫下得不错，那么“说”也就变得简单了。

说

2. 影响而不是改变对方

沟通展示的是我们的软实力，而不是强制力。所以，沟通是为了影响对方而不是为了改变对方。没有人可以改变他人，除非这个人自己愿意改变。

如果我们能以此作为沟通的目标，那么整个沟通的过程将变得轻松愉快起来，也更有助于我们达成沟通的目标。

五、再谈领袖

因为行业的特性，市场需要领袖，因此会要求每一个有梦想和使命的团队成员成为领袖，同时，也只有成为团队领袖才有可能获得在这个领域的成功。

成为领袖是一件有挑战性的工作，它要求你要严于律己宽以待人，还要身先士卒轻财重义，每个人都在看着你，当你身处高位接受推崇时，你必须行得端，走得正。所以，这个过程并不舒服。

成为领袖也是一件很有难度的工作，需要我们具备各种能力，十八般武艺都要精通，我们需要不断学习、练习和总结，才勉强跟得上市场，才不会被市场中的各种问题搞得身心疲惫。

虽然如此，我们还是一定要成为领袖！

因为生命只有在不断的打磨中才能活出璀璨的光彩！

而这个平台回馈给我们的除了丰厚的物质财富外，还同时回馈给我们全方位的能力成长，回馈给我们心境超然的生命品质！

得到远远超过付出，值得！

结语

组织营销是古老的营销模式，同时也是趋势性的营销模式，它会随着时代的进步不断地发展变化；但同时，它也有自己鲜明的特点和规律，既不同于我们习以为常的传统零售行业，也不同于新时代的网络营销行业。

组织营销不同于网络营销，因此它的市场不是用钱就可以“烧”出来的；组织营销也不同于传统零售行业，不是用广告可以“炸”出来的。

组织营销最大的特点就在于它的组织属性——“人”的属性。因此，在运作组织营销模式的过程中，需要了解人性，以人为本。尊重、关怀、理解、感恩、成长、成功，这些是每个生命的基本需求，只有满足了团队成员的需求，大家才会甘愿在平台上奉献自己、创造价值。

营运组织营销也需要了解组织的属性——共同愿景、共同价值观、凝聚力、工作效率、减少内耗；等等，所有团队运作需要的要素都要认真对待，科学地展开工作。

因此：

所有采用组织营销模式的企业，都需要系统地学习行业特性。

所有采用组织营销模式的企业，都需要尊重人性、以人为本。

所有采用组织营销模式的企业，都需要遵循组织规律来运作团队。

所有采用组织营销模式的企业，都需要有耐心地夯实市场基础。